Je remercie Marie-Paule, mon épouse,

Franck et Anthony, mes enfants,

qui m'ont accompagné dans mes changements personnels et professionnels, et qui m'ont permis d'être ce que je suis aujourd'hui.

Je remercie toutes les personnes qui ont participé, par leurs conseils et leurs encouragements, à ces changements dans ma vie.

Je remercie Robert Cingla qui, fidèlement, m'aide pour la mise en page de mes livres.

Alexandre

Ami lecteur,

Peut-être que tu as connu, ou que tu connais, des périodes plus ou moins agréables dans ta vie, au point d'avoir envie de tout abandonner, de tout laisser tomber, périodes pendant lesquelles tu as l'impression que le ciel te tombe sur la tête ou que tu n'as pas de chance. Oui, nous avons tous vécu ces instants de découragement où nous pensons que nous n'en sortirons jamais.

J'ai vécu cela et je te comprends. Je suis passé par la déception, la sensation d'avoir échoué dans une partie de ma vie. J'ai eu le sentiment que tout s'écroulait au niveau professionnel et qu'il n'y avait pas d'issue.

UN JOUR D'AVRIL 1986, MA VIE A BASCULÉ. J'AI DÉCOUVERT MA VOIE, MA LÉGENDE PERSONNELLE, ET J'AI CONNU L'ÉMERVEILLEMENT, LA JOIE, LE BONHEUR.

Je suis convaincu que tout être HUMAIN, quelles que soient les difficultés rencontrées, peut connaître le Bonheur, la Joie, la Réussite, dans tous les domaines. Pour cela, il doit le DÉSIRER SINCÈREMENT DU FOND DU CŒUR.

J'affirme que si tu souhaites vivre PLEINEMENT TA VIE, L'UNIVERS ENTIER CONTRIBUERA ACTIVEMENT A TE DONNER CE DONT TU AS BESOIN.

Dans ce livre, je te livrerai mon témoignage sur ce que j'ai pu comprendre, et comment la VIE m'a merveilleusement guidé pas à pas.

Je te citerai plusieurs témoignages qui te permettront de découvrir tes TRÉSORS pour vivre ta Légende Personnelle.

C'est un grand bonheur et une grande joie de t'accompagner dans cette DÉCOUVERTE qui te conduira vers le BONHEUR, LA JOIE, l'EXCELLENCE et la

RÉUSSITE dans tous les domaines de ta vie, et qui te permettra d'avoir confiance en toi, confiance dans tes possibilités.

Je te souhaite une bonne lecture.

Alexandre LUCAS

CONSEIL TRÈS IMPORTANT

Au fil de la lecture de ce livre, je t'invite à prendre le temps de noter sur un bloc-notes le maximum des souvenirs qui vont émerger de ta conscience.

En écrivant, tu « enclenches » tout un processus de compréhension de ton histoire.

Ensuite, tu pourras, en te relisant, découvrir tes TRÉSORS, tes ATOUTS et mieux comprendre la trame de ta vie. Cela te permettra de mieux découvrir ta MISSION sur cette terre.

AVRIL 1986

EN QUINZE JOURS

JE CHANGE DE VIE...

ET DEPUIS, JE VIS
UNE VIE
EXTRAORDINAIRE

AVANT AVRIL 1986

Né dans une famille d'agriculteurs, j'ai fréquenté l'école communale jusqu'à quatorze ans. J'ai travaillé sur l'exploitation familiale de quinze à dix-huit ans. Pendant cette période, j'ai suivi des cours par correspondance et dans un centre par alternance.

Après avoir obtenu mes examens, je suis devenu agriculteur, engagé syndicalement sur le plan local puis, progressivement, au niveau départemental. Là, j'ai, entre autres, accompagné des agriculteurs qui se trouvaient en difficultés professionnelles et financières.

Sans vouloir entrer dans les détails, je me suis installé dans de mauvaises conditions (financement inadapté avec, à l'époque, des taux d'intérêts de 12 à 13%

au lieu de 4,5 % pour les autres agriculteurs). J'ai exercé ce métier durant douze années. Au fil du temps, tout en donnant le meilleur de moi-même et en travaillant consciencieusement, je me suis endetté progressivement.

J'ai toujours considéré mon métier comme une vocation et j'étais très heureux de l'exercer, sauf que je ne suis pas parvenu à en vivre correctement. Je considérais que c'était à cause des organisations économiques et politiques que les agriculteurs vivaient ces difficultés financières. J'étais très agressif et revendicatif à leur égard, d'où mon « combat syndical ».

Ma situation financière s'est dégradée progressivement d'année en année, mais je croyais toujours que je pouvais m'en sortir et que la situation évoluerait favorablement.

Je me suis installé en 1974 dans de mauvaises conditions financières, ce qui m'a mis en situation de « fragilité », et j'ai « subi » la sécheresse en 1976. Ces concordances ont entraîné mes premières difficultés. J'avais de bonnes conditions de travail et j'étais passionné par mon métier, mais il me nourrissait difficilement. Il m'arrivait parfois de douter de moi, de mes compétences et de mes choix. Je me disais que j'aurais pu prendre d'autres directions et choisir une production différente plus rentable et plus lucrative. En effet, les jeunes agriculteurs qui avaient opté pour la production laitière et avaient été mieux financés, avaient réussi correctement.

Au début de 1983, les résultats comptables ont été très négatifs et ont fait apparaître une dette de 45.000 €, créée par un déficit, entre autres, de la production de veaux de boucherie, les ventes ayant été très mauvaises cette année-là.

Alors, s'était posée à moi la question : soit j'arrêtais mon métier (certaines personnes parmi mes amis me le préconisaient), soit je réinvestissais à nouveau dans une autre production. J'ai choisi d'investir dans un troupeau pour la reproduction de vaches allaitantes de la race « Blonde d'Aquitaine ». Tous les produits pouvaient être revendus afin de renouveler d'autres cheptels.

Dans le même temps, puisque la production de veaux de boucherie se trouvait en place et que j'avais déjà beaucoup investi dans cette orientation, j'ai décidé de la conserver et même d'augmenter le nombre de places, avec un nouveau contrat qui me semblait très intéressant.

Pour la mise en place de ces projets, il me fallait un financement de 75.000 €. Après une étude de rentabilité, j'ai pris contact avec la banque qui, dans un premier temps, a refusé de financer. Mais, décidé à obtenir ce prêt, j'ai insisté fortement en téléphonant régulièrement au banquier. Après de nombreuses explications, tout en démontrant que mon projet était fiable, j'ai réussi à obtenir le financement nécessaire.

En septembre 1983, les nouvelles productions étaient en place et c'était pour moi un grand bonheur surtout d'avoir ces animaux « Blonde d'Aquitaine ». Pour moi, j'en étais certain, tout rentrerait enfin dans l'ordre financièrement.

Mais, en 1985, une nouvelle crise nationale est survenue concernant la production de veaux de boucherie. Comme la situation financière de l'exploitation ne s'était guère améliorée, elle a entraîné un déficit plus important. Cela s'est traduit dans la comptabilité, en février 1986, par une perte d'environ 150.000 €. La situation apparaissait irrécupérable.

Pour moi, c'était le coup fatal. J'étais en situation d'échec, je ne pouvais plus exercer mon métier, ma vie n'avait plus de sens et tout mon passé s'écroulait. Mon orgueil en a pris un coup. Je me sentais incompétent ; l'échec pouvait arriver aux autres, mais pas à moi !... Je voulais de bonnes conditions de travail et j'avais investi dans des bâtiments neufs et fonctionnels. A ce moment-là, je me suis dit que j'aurais dû faire comme les autres agriculteurs qui avaient accepté de travailler dans des conditions moins favorables. Je me suis culpabilisé.

Les questions fusaient dans ma tête :

- Qu'allais-je devenir ?
- Quel métier pourrais-je exercer ?
- Comment régler la situation financière ?
- Comment arrêter ce métier d'agriculteur ?
- Comment ma femme et mes deux enfants allaient-ils vivre cette situation ?
- Comment ferais-je pour nourrir concrètement ma famille ?
- Comment... Comment ?

Mille questions me submergeaient auxquelles je ne trouvais pas de réponse. J'étais mal dans ma tête et pourtant ce n'était pas le désespoir. Je croyais quelque part... qu'il y aurait une solution.

Début mars 1986, j'ai imaginé que je pourrais, peut-être, continuer mon métier et exercer une autre activité à l'extérieur, car je n'arrivais pas à concevoir, à ce moment-là, de quitter complètement ce que j'aimais. J'étais prêt à travailler énormément et à me « sacrifier ».

Je suis allé voir le responsable de l'embauche d'une entreprise qui fabriquait des charrues. Il m'a reçu gentiment et je lui ai présenté ma situation avec l'espoir d'obtenir un poste à responsabilités. Il m'a écouté et m'a déclaré que, même s'il avait une place de disponible, il ne me prendrait pas car, d'une part, étant habitué à vivre librement au grand air, je ne pourrais pas m'adapter à vivre à la chaîne, et d'autre part, j'avais quelque chose de plus important à réaliser. J'avoue que j'ai été déçu par sa réponse, mais j'ai compris, plus tard, qu'il avait raison.

J'ai pris également des renseignements pour passer mon permis de conduire « Poids Lourds » car je pensais que je pourrais être chauffeur. En effet d'après moi, dans ce métier il existait une certaine liberté, bien que cela aurait été compliqué de l'associer avec le métier d'agriculteur.

Dans les semaines suivantes, j'ai imaginé d'autres éventualités sans trouver de solutions réalisables. Mes amis étaient inquiets pour moi et se demandaient comment j'allais réagir par rapport à cette situation. Pour eux, si je devais arrêter l'exploitation, je déprimerais, ou me mettrais en colère contre la banque et la coopérative.

Ma femme, Marie-Paule, était inquiète quant à l'avenir et, dans le même temps, souhaitait arrêter définitivement le métier étant donné que nous n'arrivions pas à en vivre correctement financièrement et que, de plus, elle s'y épanouissait de moins en moins.

Il était vrai que de voir la situation se dégrader d'année en année provoquait des tensions plus ou moins importantes dans notre couple. J'ai observé, en effet, que lorsqu'il y a des complications financières, il faut « trouver » un responsable et l'on a tendance à accuser l'autre, avec pour résultat que certains couples se retrouvent dans des difficultés majeures qui peuvent conduire à la séparation. Malgré les tensions, mon épouse et moi-même avons toujours été vigilants pour ne pas provoquer la rupture mais, au contraire, pour nous aider mutuellement. Cela est extrêmement important. C'est ainsi dans ces circonstances particulières que l'on voit la solidité du couple, le véritable AMOUR s'exprimer, l'amour solidaire.

Mon épouse, de son côté, réfléchissait à ce qu'elle pouvait faire... C'était le bouleversement dans nos vies...

ET PUIS... UN MATIN D'AVRIL 1986...

En me levant, ce matin-là, je me trouvais dans le silence. Soudain, une pensée fulgurante m'est venue et s'est imposée à moi : « Je vais devenir GÉOBIOLOGUE » !... Intérieurement, je me suis dit : « Oui, c'est cela, je vais exercer le métier de géobiologue ». Cette profession consiste à permettre aux personnes de se trouver bien dans leurs habitations, d'avoir une meilleure santé en prenant certaines précautions dans l'agencement de leurs maisons. (Je le décrirai davantage dans ce livre.)

Dès que Marie-Paule fut levée, j'ai partagé avec elle mon idée et je lui ai annoncé que je ferai une formation pour mieux connaître cette discipline que j'avais découverte avec un vétérinaire que nous avions rencontré.

Sa réaction fut de me faire remarquer que cet homme vivait de son métier de vétérinaire et que la géobiologie n'était qu'une activité marginale pour lui. Il est vrai qu'à l'époque, personne n'arrivait à en vivre professionnellement. Qu'importe ses arguments, j'avais décidé que j'en ferais mon métier et que cela marcherait, tout en continuant l'exploitation agricole, étant donné que je pouvais m'organiser au niveau du temps.

Après le petit déjeuner, Marie-Paule, en conduisant nos deux garçons à l'école, a rencontré notre voisin et ami, Patrick. Comme il lui demandait comment évoluait notre situation, elle lui a raconté ma vision du matin qui m'incitait à devenir géobiologue. Cet ami était sensibilisé à ce sujet et, ayant effectué des démarches pour en savoir plus (documents, livres, rencontres, etc.), il lui donna un livre « Santé cosmo-tellurisme », des Editions Dangles, et un document qui proposait des formations en géobiologie avec deux possibilités :

Première proposition : une initiation et sensibilisation à la géobiologie en deux week-ends et une semaine.

Deuxième proposition : une formation professionnelle sur dix-huit mois pour devenir géobiologue professionnel.

Je n'avais pas la possibilité de m'absenter longtemps de l'exploitation, de plus la formation professionnelle coûtait cher. J'ai alors décidé de m'inscrire au module d'initiation et sensibilisation, tout en me disant que je pourrai devenir géobiologue. Le jour-même, j'ai envoyé mon inscription au centre de formation qui avait son siège en Alsace.

Trois jours plus tard, j'ai été en contact téléphonique avec le responsable qui m'a proposé de participer à la formation professionnelle qui commençait quinze jours plus tard. Je lui ai répondu que cela ne m'était pas possible car j'étais dans l'impossibilité de m'absenter pendant dix-huit mois. Il m'a expliqué alors que la formation professionnelle s'effectuait à raison d'un week-end tous les deux mois à Paris et une semaine par semestre dans les Vosges, ce qui faisait neuf week-ends à Paris et trois à quatre semaines dans les Vosges. Effectivement cela devenait possible au niveau du temps.

Je lui ai ensuite demandé quelles personnes y participaient. Il m'a répondu qu'il y avait des architectes, des enseignants, des personnes dans le domaine de la santé, en clair des gens qui avaient un bagage intellectuel bien supérieur au mien puisque j'avais arrêté de fréquenter l'école à quatorze ans et que j'avais des limites pour m'exprimer correctement en français. J'avais donc des connaissances très restreintes en comparaison de ces personnes.

Sa réponse m'a interpellé car il m'a affirmé : « Moins votre intellect est développé, mieux ce sera ! ». Habituellement, c'est l'inverse qui est dit. En effet, plus tard j'ai compris ce qu'il voulait me faire comprendre.

Autre objection que je lui ai soumise, c'est que j'étais en situation financière difficile et que je ne voyais pas comment je pourrais régler cette formation. De fait, la formation étant délivrée à Paris et dans les Vosges, il fallait compter avec les frais de déplacement, d'hébergement, de formation et l'achat du matériel nécessaire, un coût de 5.250 € environ, sans aide de l'Etat à laquelle je ne pouvais pas prétendre, ni d'aucun autre organisme.

A cette objection, il m'a répondu que si je faisais CONFIANCE dans la VIE, TOUT me serait donné pour y arriver et que l'argent serait au rendez-vous. J'avoue que je ne comprenais rien de ce que j'entendais car c'était contraire à ce que je pensais et à ce qui est dit habituellement. Et pourtant, quelque chose me persuadait à l'intérieur de moi-même qu'il avait raison. J'ai senti que ses arguments étaient valables et que je pouvais lui faire confiance : une forme de Joie a émergé.

Alors, je lui ai répondu : *« Je ne sais pas comment je vais m'y prendre financièrement, mais c'est d'accord, je m'inscris à cette formation professionnelle ».* Après cette prise de décision, je me suis senti bien et pourtant cela paraissait insensé. Au lieu de trouver un emploi où j'aurais eu un salaire, voilà que je m'engageais dans une formation dont je n'avais pas le premier sou, avec en plus un avenir aléatoire. Personne ne vivant financièrement de ce métier, dans le meilleur des cas, j'en aurais un retour dans quelques mois seulement. Oui, cela paraissait farfelu et un peu fou pour les personnes de mon entourage.

Parallèlement, j'ai lu le livre prêté par mon ami Patrick. J'y ai découvert les formateurs et leur approche de la géobiologie qui allait au-delà de l'habitation et parlait aussi de la manière d'habiter sa maison, la conscience que l'on pouvait y mettre. Cela m'a beaucoup plu et j'avais hâte de les rencontrer.

Dans ce livre, il y avait un mini-catalogue des éditions Dangles dans lequel elles proposaient de se procurer le catalogue complet des livres vendus par elles. Il fallait, pour le recevoir, envoyer quatre timbres, ce que j'ai fait rapidement.

J'ai reçu leur catalogue quelques jours plus tard et, en le parcourant avec attention, j'ai été attiré par les livres de Joseph MURPHY, pasteur protestant américain. Dans la présentation, il parlait de la puissance de la pensée, de la parole. Il expliquait que l'on créait sa réalité quotidienne, que le hasard n'existait pas, que l'argent était une énergie et que c'était chacun qui créait dans sa vie l'abondance ou la pénurie. Il montrait aussi que même dans les situations les plus catastrophiques, il y avait toujours une bonne solution quand on faisait confiance dans la VIE ou à DIEU.

N'ayant plus rien à perdre, j'ai décidé de commander tous ces livres. Cela me redonnait l'espoir que, moi aussi, je trouverais une bonne solution à ma situation.

Quinze jours après mon contact avec le formateur, je me suis retrouvé à Paris, un peu perdu dans cette ville que je ne connaissais pas. La formation avait lieu à la Faculté des Sciences, dans de beaux bâtiments. Nous étions un groupe de vingt-sept ou vingt-huit personnes et nous avons commencé par la présentation générale de la formation. Ensuite, chacun s'est présenté et j'ai été émerveillé de constater que les personnes parlaient simplement d'elles et du pourquoi elles étaient là. J'ai constaté que certaines avaient des professions intéressantes et bien rémunérées avec des garanties d'emploi (enseignants, etc.) et que, pourtant, ces personnes n'étaient pas satisfaites intérieurement. Elles parlaient de sensations qui m'ont paru bizarres car cela ne correspondait pas à ce que j'avais l'habitude d'entendre. J'étais à ce moment-là très cartésien et « réaliste » et il me semblait que j'avais les « pieds sur terre ». J'ai eu l'impression de me trouver dans un autre monde. Certaines personnes parlaient de leurs expériences passées, de lectures qui me semblaient aussi « bizarres ». Toutes paraissaient sincères et aussi « réalistes » que moi, mais dans un domaine nouveau.

J'ai commencé à percevoir qu'au-delà de la réussite ou non réussite matérielle ou financière, il y avait « autre chose » de plus essentiel, de plus important, qui venait du « profond de soi », qui sortait du cœur.

Les formateurs nous ont indiqué que cette « VOIE INTÉRIEURE » qui connaît tout, nous conduirait vers le BONHEUR, la

JOIE, l'HARMONIE, l'AMOUR et TOUT CE qu'il y a de MEILLEUR, si nous acceptions de la SUIVRE en TOUT TEMPS, et ceci dans les DÉTAILS. Ils ont précisé qu'en plus de la formation en géobiologie, ils nous donneraient des indications pour mieux entendre cette « VOIE INTÉRIEURE ». Ils ont également ajouté qu'ils avaient écrit un livre sur le pouvoir de la pensée et sur la manière dont on crée sa réalité. J'étais heureux car cela confirmait ce que j'avais ressenti en lisant les résumés des livres de Joseph MURPHY et j'ai pensé que cela devait fonctionner puisque, eux, ils l'avaient expérimenté.

Autre prise de conscience, lors de ces deux premières journées : c'était que j'étais avec des personnes de milieux professionnels, politiques, sociaux, etc. différents et qu'ils me respectaient simplement, sans jugement, sans notion de supériorité ou d'infériorité. Cela a été pour moi une belle leçon d'humilité car, étant engagé syndicalement et politiquement « à gauche », proche des plus démunis, j'aurais, en temps normal, critiqué et jugé ces personnes que je considérais comme des nantis qui se plaignaient toujours. De plus, je croyais que, moi, j'étais « bien » !... Ce premier week-end m'a permis un changement radical dans ma manière de voir les autres car j'ai pris conscience que je croyais être « ouvert », « tolérant », et je me suis aperçu que j'étais, en réalité, « fermé », « intolérant » et « irrespectueux » des personnes dans leurs différences. Mon ego en a pris un coup et je me suis engagé à tout mettre en œuvre pour voir LE MEILLEUR dans chaque personne que je rencontrerais.

Autre prise de conscience : c'est qu'en tant que responsable syndical, on se trouve souvent dans la critique et l'opposition. Moi, je vivais dans cette ambiance depuis une quinzaine d'années environ et cela m'a demandé une attention particulière pour arrêter en grande partie ces critiques et jugements négatifs vis-à-vis de certaines personnes, mais aussi des structures (politiques, religieuses, commerciales, etc.), concernant la société en général.

Lors de ce premier week-end, une autre surprise de taille m'attendait. Pendant ma présentation, j'ai exposé ma situation et j'ai expliqué que si j'étais en situation financière difficile, c'était dû à la responsabilité de la banque qui m'avait accordé un mauvais financement, à l'incompétence de la coopérative avec laquelle je travaillais pour la production de veaux de boucherie, à cause du pouvoir économique, des aléas climatiques, mais aussi de mon passé familial, etc., en bref, j'étais responsable à 10 % et que 90 % de mes difficultés venaient de l'extérieur.

Après m'avoir écouté, le formateur m'a interpellé : *« Tu accuses la banque d'être en partie responsable de tes difficultés, mais dans le concret, cela change quoi à ta vie ? »*

Effectivement, j'ai été obligé de reconnaître que cela n'y changeait rien. En incluant tous les autres acteurs (coopérative, environnement, pouvoir économique, etc.), j'ai pris conscience que je pouvais les considérer comme responsables, mais que cette constatation ne m'apportait rien de plus.

Cette prise de conscience m'a perturbé d'autant plus qu'étant responsable syndical au niveau départemental, je défendais les agriculteurs en difficulté, et j'accusais les différents organismes agricoles. J'acceptais d'augmenter ma responsabilité jusqu'à 90 %, Mais je considérais qu'il y avait bien 10 % au moins qui venaient de l'extérieur.

Le formateur est allé plus loin dans sa démarche en me disant que : oui, je pouvais aller jusqu'à 95 %, mais que si je considérais qu'il y avait 5 % venant de l'extérieur et que si la solution et la réussite dépendaient de ces 5 %, comme je ne pouvais pas changer à moi tout seul la banque, le pouvoir politique, etc., je ne pourrais pas connaître la réussite... Et d'ajouter : *« Si tu acceptes d'être* ***responsable à 100 %, mais pas coupable,*** *alors tu as entre les mains les solutions ».*

Il m'a fallu environ deux mois pour accepter cette notion de 100 %, mais ce fut une RÉVÉLATION EXTRAORDINAIRE QUI A PROVOQUÉ UN CHANGEMENT COMPLET DE MA VIE.

Je me souviens d'avoir dit intérieurement et avec puissance : *« D'ACCORD, J'ACCEPTE D'ÊTRE TOTALEMENT RESPONSABLE A 100 % DE MA VIE, ET JE M'ENGAGE A CONNAÎTRE LE BONHEUR, LA JOIE, L'HARMONIE, L'AMOUR ET TOUT CE QU'IL Y A DE BEAU POUR MOI ».*

A partir de cet engagement du fond du cœur, MA VIE A CHANGÉ EN QUINZE JOURS, toutes les « portes » se sont ouvertes, j'allais RENAÎTRE à UNE NOUVELLE VIE.

Depuis début mai 1986, je vis un GRAND BONHEUR au-delà de ce que je pouvais imaginer à l'époque. Je crois que si l'on m'avait prédit ce que je vis aujourd'hui, je n'aurais pas pu le croire, ni le concevoir.

Ce qui me fait dire que LA VIE EST MERVEILLEUSE ET EXTRAORDINAIRE.

Au retour de ce premier week-end de formation, j'étais dans l'enthousiasme et la joie, car je prenais conscience que les difficultés que je vivais étaient la « CHANCE DE MA VIE », la fin d'une vie pour renaître à une nouvelle vie. J'étais dans la certitude que tout, absolument tout, s'arrangerait.

Lorsque j'ai partagé ma joie avec Marie-Paule en lui racontant que ce qui m'arrivait était la chance de ma vie, elle n'a pas très bien compris, et je crois que, devant mon euphorie, elle s'est posée des questions sur mon état mental. Je pouvais comprendre qu'elle n'était pas apte à imaginer ce que je vivais et ce que je ressentais au plus profond de moi.

J'étais tellement heureux que je ne pouvais pas m'empêcher d'en parler autour de moi, aux autres agriculteurs, aux amis, aux collègues syndicalistes. Je suis persuadé qu'ils m'ont pris pour un inconscient, ou que j'avais peut-être « disjoncté », ou bien que j'étais entré dans une secte qui m'avait fait subir un lavage de cerveau pendant le week-end. D'autant plus que j'avais déclaré que l'on apprendrait à utiliser un pendule pour la radiesthésie, ce qui n'apparaissait pas très rationnel pour les personnes que je connaissais et qui étaient aussi cartésiennes que moi. Mon attitude a tellement dérangé mes amis qu'ils m'ont conseillé de consulter un psychologue ou un psychiatre, ce qui ne rassurait pas du tout Marie-Paule, et je la comprenais.

La chose certaine pour moi, c'est que rien, ni personne, ne m'empêcherait de continuer cette démarche. En moi, émergeait une FORCE que je n'avais jamais ressentie, d'une PUISSANCE EXTRAORDINAIRE, qui me faisait dire que les difficultés étaient la CHANCE DE MA VIE. Cette FORCE m'a permis de REBONDIR.

Dans le même temps, j'ai reçu ma commande des livres de Joseph MURPHY et j'ai commencé par lire : *« Comment attirer l'argent »*. J'y ai découvert que l'argent est une ÉNERGIE DIVINE mise à notre disposition en quantité illimitée et que chacun peut avoir très largement ce dont il a besoin pour s'épanouir totalement et harmonieusement. Plusieurs témoignages du livre citent des personnes qui font CONFIANCE à DIEU et obtiennent des résultats extraordinaires inattendus et de façon imprévisible.

Joseph MURPHY écrit que nous pouvons recevoir en fonction de nos croyances et que, quelque part, ce qu'il y a sur le compte en banque est le résultat de ce qui se passe dans notre cerveau. En clair, si nous croyons que nous méritons peu parce que nous nous sous-estimons, nous recevrons peu et le compte pourra même être débiteur ; mais au contraire, si nous croyons que nous sommes un enfant de la VIE et de DIEU, et si nous croyons que l'UNIVERS EST ABONDANCE et que nous ACCUEILLONS L'ABONDANCE dans notre VIE parce que nous sommes des filles et des fils de la VIE, le compte sera très largement POSITIF.

Il précise l'importance d'arrêter de critiquer ceux qui ont de l'argent et, si c'est le cas, de se pardonner d'avoir eu de telles attitudes.

Après avoir lu ce livre et les autres, j'ai commencé à prendre conscience de la manière dont j'avais créé ma situation. Tout me semblait logique mais, en même temps, c'était comme une claque que je recevais. Mon orgueil en prenait un coup car c'était une remise en cause de tous mes schémas, de toutes mes croyances, de ce pourquoi j'agissais au niveau syndical, de ma manière de parler. Cela devenait très inconfortable de reconnaître que je m'étais trompé. Je le ressentais, au départ, comme une humiliation (c'était mon mental qui l'éprouvait ainsi).

Très rapidement, j'ai accepté que j'étais responsable à 100 % des événements qui m'étaient arrivés et je me suis pardonné humblement de tout ce passé. J'ai demandé INTÉRIEUREMENT à être GUIDÉ, de retrouver mon CHEMIN, mon VRAI CHEMIN.

* * *

Avant de continuer à te faire partager mes prises de conscience, je vais te parler de la redécouverte de DIEU dans ma VIE.

PRISE

DE CONSCIENCE

DE LA

PRÉSENCE DE DIEU

EN MOI

PRISE DE CONSCIENCE

DE LA PRÉSENCE DE DIEU EN MOI

Je suis né dans une famille catholique pratiquante et j'ai reçu une formation religieuse comme tous les enfants de la commune. On m'a enseigné beaucoup de choses qui m'apparaissaient souvent contradictoires. Je constatais des incohérences entre ce que j'entendais et ce que je voyais.

J'ai entendu que DIEU était en dehors de nous et qu'il fallait passer par un prêtre pour y avoir accès ; qu'il fallait être baptisé pour être enfant de DIEU ; que DIEU nous jugeait et pouvait nous punir ; que DIEU était notre père et que nous étions ses enfants. Alors je me suis posé la question : pourquoi tous les enfants ne naissent-ils pas égaux car il y a, en effet, des enfants abandonnés, handicapés, d'autres qui meurent de faim, etc. ? Et j'en ai conclu qu'Il était injuste.

J'ai entendu que nous sommes créés à l'image de DIEU, donc parfaits, et par ailleurs que notre esprit est sujet à pécher et notre corps encore plus. Ceci me semblait contradictoire.

Je pourrais continuer la liste, mais toutes ces contradictions m'ont amené à mettre de côté la tradition catholique, sans remettre en cause Jésus-Christ qui, depuis mon enfance jusqu'à ce jour, a toujours été ma référence et Sa vie mon modèle.

Dans les livres de Joseph MURPHY, j'ai redécouvert DIEU dans une autre dimension qui me correspond beaucoup mieux.

J'ai découvert que DIEU n'est pas à l'extérieur de moi, mais en moi ; qu'il est omniprésent dans chaque ÊTRE HUMAIN sans exception, que la personne soit baptisée ou non, et quelle que soit sa religion. En réalité, IL EST présent dans chaque atome de l'univers et il n'y a pas un atome où il ne soit pas présent.

Il est présent dans chaque ÊTRE HUMAIN, mais aussi dans les animaux, les végétaux, les minéraux, etc. LE TOUT est absolument PRÉSENT EN TOUT, IL EST LE TOUT que tu peux appeler également LA VIE, l'ÉNERGIE COSMIQUE, LE UN, etc., peu importe. Ce qui est important, de mon point de vue, c'est de savoir que je suis une PARTICULE DU TOUT et que de ce fait, je fais partie du TOUT. LE TOUT englobant L'AMOUR INCONDITIONNEL, L'HARMONIE, LA JOIE, L'EXCELLENCE, LA PAIX, L'ABONDANCE, je suis tout cela. TOUT devient POSSIBLE, même dans le chaos de ma vie. Je peux trouver la lumière. Avec DIEU, je découvre que tout peut se régler facilement, qu'il y a une bonne solution, même si, à ce moment-là, je ne sais pas comment et sous quelle forme cela se présentera.

Cette certitude s'est ancrée en moi d'une façon indélébile.

Je me souviens, suite à cette redécouverte, de m'être adressé à DIEU en moi en disant à peu près ceci : *« SEIGNEUR DIEU DE L'UNIVERS, je me pardonne de ne pas avoir entendu les messages de mon ÂME, de ne pas t'avoir ENTENDU, JE TE DEMANDE DE PRENDRE CE PASSÉ et de m'en LIBÉRER dans la douceur de façon JUSTE et HARMONIEUSE, car moi, humblement, je ne sais pas comment le faire. Je sais que TU SAIS et je te remercie de cette aide ».*

A partir de ce jour, j'ai ressenti le début de la paix qui s'installait en moi et me donnait sérénité et confiance pour la résolution de ma situation.

DIEU commençait à devenir une réalité tangible et non pas une croyance ni une philosophie. Cela n'avait plus rien à voir avec la théologie. Je redécouvrais le vrai sens des messages que Jésus a laissés sur terre, messages pleins de bon sens et très concrets que chacun peut expérimenter à tout moment dans sa vie.

Autre prise de conscience : j'ai su que j'étais AIMÉ DE LA VIE, de DIEU, qu'il n'y avait pas de notion de punition ni de jugement, que rien n'était bon ou mauvais, qu'il n'y avait pas de notion de bien ou de mal, et que la morale était une définition humaine et non pas DIVINE.

J'ai découvert que c'est à chaque personne de dire si ce qu'elle vit est bien ou n'est pas bien pour elle, en sachant que si cela correspond au projet de son âme, ses actes apporteront de bons et beaux fruits créant l'harmonie et, à l'inverse, si ses actes ne correspondent pas au projet de son âme, cela créera la dysharmonie avec à sa suite des difficultés à tous les niveaux (professionnels, affectifs, relationnels, santé, financiers, etc.).

Oui, j'affirme que tu es AIMÉ de la VIE, du DIVIN, (ou de tout autre nom que tu peux donner à ce TOUT).

Oui, j'affirme que, quelle que soit ta situation aujourd'hui, quelles que soient les difficultés que tu vis, il y a toujours une bonne solution à tout, et que tout peut se régler dans l'HARMONIE, la DOUCEUR, la PAIX, la SÉRÉNITÉ.

Accepte humblement d'être aidé, accompagné par le TOUT qui, je le reprécise, est en TOI, dans ton cœur, disponible vingt-quatre heures sur vingt-quatre.

Fais confiance, de même que tu as la certitude que chaque jour le soleil se lèvera.

Prends l'habitude de confier toutes tes situations au TOUT et ACCEPTE simplement et humblement d'être GUIDÉ, et il en sera ainsi.

JE PRENDS CONSCIENCE DE MON PASSÉ

PRISE DE CONSCIENCE

DE MES RELATIONS AUX AUTRES

Grâce à la lecture des livres de Joseph MURPHY, j'ai pris conscience de l'importance des pensées qui ont un pouvoir créateur, de la parole qui est supérieure à la pensée et de l'écriture qui a un pouvoir supérieur aux deux autres.

J'ai mesuré l'impact des pensées négatives et agressives que j'ai pu émettre depuis de nombreuses années envers les personnes qui me dérangeaient et j'ai compris immédiatement pourquoi j'ai été agressé parfois verbalement et aussi pourquoi j'ai eu des blocages au niveau financier et professionnel. Très rapidement, j'ai tout mis en œuvre pour me libérer le plus possible de ce passé en effectuant des démarches de pardon.

Je me suis pardonné d'avoir critiqué toutes ces personnes et ceci d'une façon globale et avec conscience. Puis, lorsqu'une pensée venait concernant une personne en particulier, je me pardonnais à nouveau, avec plus de précision, d'avoir jugé négativement ou critiqué cette personne, en poursuivant jusqu'à ce que je me sente vraiment en paix. Je lui envoyais de l'amour et lui souhaitais le meilleur.

J'ai passé, au début de cette approche, beaucoup de temps à effectuer ces démarches de pardon et je suis sûr que cela m'a permis d'évoluer plus vite et a permis à des « portes » de s'ouvrir.

Je dois reconnaître que ce n'était pas toujours facile, je sentais que mon orgueil faisait de la résistance. J'ai persévéré jusqu'à voir le DIVIN dans chaque personne et plus spécialement dans celles qui me dérangeaient.

Au terme des deux premiers mois de démarches, je me suis senti en paix avec moi-même et avec les autres. Je me suis senti plus léger. Ma vie elle-même m'a semblé plus légère et tout m'est apparu possible.

Ce qui m'a aidé à effectuer cette démarche plus facilement, c'est l'acceptation de ce que j'avais été avec mes limites, sans jugement et sans critique envers moi-même. J'ai été très compatissant envers moi-même en me disant que je n'avais pas été complètement conscient de mes attitudes. Cela m'a permis aussi de me donner beaucoup d'amour.

Cher(e) ami(e), toi qui lis ce passage, **je t'invite également à effectuer ces démarches de pardon le plus tôt**

possible si tu es en difficulté avec des personnes. *(J'explique comment bien faire ces démarches dans les autres livres que j'ai écrits).*

J'INSISTE TOUJOURS SUR L'IMPORTANCE D'ÊTRE EN PAIX AVEC SOI ET AVEC TOUS LES ÊTRES, C'EST UNE DES CLÉS DU BONHEUR ET DE LA RÉUSSITE A TOUS LES NIVEAUX.

PRISE DE CONSCIENCE DE MA MANIÈRE DE PENSER ET DE PARLER

Je me considérais comme quelqu'un d'optimiste d'une manière générale. En lisant les livres de Joseph MURPHY, j'ai pris conscience de la différence qui existe entre être optimiste et être POSITIF.

Au début de ma vie, j'avais la volonté de réussir dans tous les domaines et j'ai toujours été volontaire et prêt à me « battre envers et contre tout » pour obtenir ce que je désirais mentalement.

Je faisais totalement abstraction de mon corps et de ses besoins. Pour moi tout passait par le mental. A cette époque, je ne faisais pas attention aux « signes » que la VIE m'envoyait car je n'avais même pas conscience de leur existence.

J'ai obtenu beaucoup de choses bénéfiques dans ma vie privée, familiale ou professionnelle, mais j'ai obtenu aussi des choses qui m'ont conduit à l'échec sur l'exploitation. Pour moi, je devais me battre, travailler beaucoup pour réussir dans la vie, et mon langage correspondait à cet état d'esprit.

En lisant ces livres, j'ai pris conscience que la vie peut être belle et douce, que l'on peut réussir facilement dans la joie et l'harmonie quand on est relié à son cœur et que l'on est dans la conscience de la PRÉSENCE DIVINE EN SOI.

J'ai découvert que plus on se bat, plus on crée de la résistance, et plus c'est difficile, plus on augmente la croyance que la vie est effectivement difficile. Cela devient un cercle sans fin, une spirale de difficultés. On a l'impression que l'on n'a pas de chance et que, bien sûr, c'est la faute des autres ou des événements.

J'ai pris conscience que je pouvais changer mes croyances et que tout pouvait se transformer dans ma vie, MAINTENANT. Cela supposait un minimum de discipline pour changer les programmations de mon cerveau.

J'ai découvert que notre cerveau est programmable et que, lorsqu'il a accepté de nouvelles conceptions, il peut les matérialiser. Du fait de ma situation et, étant donné que je n'avais plus rien à perdre en mettant en pratique ce que je lisais, j'ai alors commencé à penser et à parler différemment.

Le plus souvent possible, je me répétais les phrases qui m'étaient proposées en fonction de ce qui me passait à l'esprit. Exemple : quand je doutais sur mon avenir professionnel, j'accueillais mes doutes et mes peurs et, immédiatement, je lui substituais une phrase : *« Je trouve une bonne solution et tout se met en place très facilement et divinement bien »,* soit je la pensais soit je la disais verbalement quand j'étais seul, et ceci avec conviction et dans la certitude qu'il en serait ainsi. J'ai pratiqué ces démarches des dizaines de fois par jour et tous les jours.

J'ai observé progressivement l'efficacité de cette méthode. Un changement important s'est opéré sur moi en m'apportant davantage de joie et d'enthousiasme.

J'ai pris de plus en plus conscience que j'avais créé mon passé et bâti, au niveau professionnel, mes difficultés alors que j'étais dans la certitude que tout s'arrangerait rapidement, en sachant qu'au début de cette nouvelle démarche, j'avais envisagé de devenir géobiologue tout en restant agriculteur.

Je ne pensais pas, à ce moment-là, que mon ÂME avait choisi autre chose.

DÉBUT

DE LA FORMATION

EN GÉOBIOLOGIE

FORMATION EN GÉOBIOLOGIE

Fin juin 1986, je me suis rendu à Paris pour le deuxième week-end, avec beaucoup de joie et d'enthousiasme, heureux de retrouver les collègues et de partager avec eux mes observations. Nous commencions à découvrir concrètement cette démarche.

Je pensais que, dès le début, nous utiliserions du matériel pour détecter les sources, les failles géologiques et les autres problèmes électriques ou électromagnétiques. Mais, contre toute attente, les formateurs nous ont proposé de développer les sensibilités de notre corps, c'est-à-dire les « antennes naturelles » que nous avons en nous. Je n'ai rien compris au départ.

Ils nous ont alors demandé de détecter les sources avec nos mains. Après des dizaines d'expérimentations, j'ai remarqué que je ressentais dans mes mains des sensations qui devenaient au fur et à mesure plus précises et plus claires.

J'ai ensuite expérimenté cette sensibilité pour trouver les failles géologiques ainsi que l'eau. Cela marchait de mieux en mieux. Bien sûr, j'ai fait des erreurs au début ; j'avais des doutes, car j'étais dans l'impossibilité de contrôler physiquement, ce qui dérangeait mon côté rationnel et cartésien.

Progressivement, nous avons exploré d'autres domaines comme, par exemple, les champs électriques ou électromagnétiques, toujours avec les mains. Cela devenait intéressant car nous pouvions vérifier nos observations avec des appareils électroniques. J'ai été très étonné de la précision de nos recherches et je me suis émerveillé. A ce moment-là, j'ai saisi ce que nos formateurs voulaient nous faire comprendre.

Ensuite, ils nous ont appris à décoder les pensées des personnes avec nos mains, non pas dans le détail, mais pour ressentir si ces pensées étaient négatives ou positives. Puis, nous avons développé les mêmes possibilités en utilisant les yeux et je me suis aperçu que cela fonctionnait également.

Par la suite, nos formateurs nous ont proposé d'expérimenter et d'accéder à des informations à distance. Ils nous ont expliqué le fonctionnement du cerveau et de ses possibilités ILLIMITÉES. En effet, le cerveau, ce puissant émetteur et récepteur, est aussi un puissant décodeur qui émet des fréquences électromagnétiques se déplaçant à la vitesse de la lumière ; autrement dit, ces ondes font environ sept fois le tour de la terre en une seconde.

Or, nous étions des stagiaires venus de différentes régions de la France et chacun de nous avait apporté des plans d'habitations sur lesquels nous devions chercher et trouver à distance s'il y avait des sources, des failles ou des problèmes électriques ou autres cas. J'ai été émerveillé de constater avec quelle précision je trouvais les anomalies à distance. Comment cela était-il possible ?... L'explication était simple : on nous proposait d'envoyer des fréquences sur le terrain en regardant le plan et ces fréquences nous revenaient « chargées » des informations de la maison et de ce qu'il y avait dedans.

Je suis même parvenu à situer dans la maison où se trouvait la télévision à partir des personnes qui y habitaient. J'ai pu dire dans quelle pièce elles dormaient et si c'était à droite ou à gauche dans le lit (si celui-ci était à deux places), sur le dos ou sur le ventre. Je précise, à nouveau, que ces expériences se réalisaient à distance, donc à plusieurs centaines de kilomètres.

Par la suite, je suis arrivé à trouver, en ayant uniquement le nom et le prénom de la personne, si elle avait été opérée et si elle avait des pertes d'énergie.

En réalité, nous avons effectué de multiples expériences qui m'ont montré les possibilités illimitées de mon corps et de ses capacités à percevoir. Cette véritable révélation a bousculé profondément mes certitudes et mon côté cartésien et analytique.

Cette grande découverte m'apporte continuellement beaucoup de joie, de bonheur et d'enthousiasme.

Au-delà de la découverte de mes possibilités, se sont opérés un changement de conscience en profondeur et une véritable renaissance. J'ai pris conscience que mon corps connaissait une quantité de choses et il devenait évident que j'avais acquis dans d'autres vies des expériences et des connaissances qui ressortaient maintenant.

Sincèrement, je remercie les formateurs pour leur enseignement à la fois pragmatique et subtil.

Ceux-ci nous ont appris comment bien concevoir l'implantation d'une prise de terre au niveau électrique, et nous ont donné les conseils pour réaliser une bonne installation électrique ainsi que les précautions à prendre, etc. Ils nous ont permis de percevoir dans notre corps les multiples possibilités intuitives, de développer notre sensibilité pour mieux ressentir les différentes énergies qui émanent du sol, des formes, des maisons (ondes de forme), de mesurer une ambiance dans un lieu, etc.

J'ai commencé à comprendre ce qu'ils voulaient dire quand, au moment de l'inscription, ils me persuadaient que moins j'en savais et mieux c'était. En effet, les personnes qui avaient développé un esprit scientifique, analytique, avaient moins de facilité pour ressentir toutes ces subtilités car, malgré elles, elles cherchaient à comprendre et à analyser, ce qui les empêchait de ressentir.

J'ai découvert les possibilités qu'avait mon corps de percevoir et je l'ai remercié. Mon côté cartésien lâchait prise progressivement et j'étais de plus en plus ouvert à de nouvelles expériences.

Je remercie particulièrement l'animatrice qui m'a permis de découvrir et de ressentir la PRÉSENCE DIVINE en moi, et qui m'a confirmé ce que j'avais lu dans les livres de Joseph MURPHY.

Elle nous a beaucoup parlé de la beauté de la VIE, nous interpellant sur le sens que nous donnions à la nôtre. Elle nous a invité à réfléchir sur ce qui était important pour nous, en précisant que nous arrivons nus sur terre et que nous repartons nus : aucune personne n'a emporté avec elle sa maison, ses biens, son argent. La seule chose que nous emportons avec nous après cette vie terrestre, ce sont les mémoires de ce qui aura été vécu d'agréable ou non. Ce sont les expériences vécues qui sont importantes, ainsi que les prises de conscience.

L'animatrice nous a souvent répété que la réalité, telle que nous la voyons, n'est peut-être pas la réalité objective. En clair, ce qui semble rationnel est peut-être irrationnel et ce qui semble IRRATIONNEL est peut-être RATIONNEL. Elle nous a invités à voir au-delà de ce qui est tangible, au-delà des apparences.

Tout cet enseignement m'a parlé au plus profond de mon cœur, comme si je le savais déjà. C'était une évidence. Il restait toutefois un peu de résistance de la part de mon mental car je me demandais comment cela pourrait me servir plus tard concrètement.

Au fil du temps, j'ai vu de plus en plus clairement le chemin, ma nouvelle Mission professionnelle, et la manière dont je pourrais l'exercer.

DES RENCONTRES EXCEPTIONNELLES

DES RENCONTRES EXCEPTIONNELLES

Dans le cadre de cette formation, j'ai eu le bonheur de rencontrer des personnes extraordinaires.

Monsieur Jacques COUELLE, architecte, avait quatre-vingt-trois ans lorsque je l'ai rencontré. Il était un ami intime de PICASSO qu'il côtoyait souvent.

Lors de notre rencontre, cet homme réfléchissait sur le projet d'une ville sans bruit, dont il nous avait montré les plans. Nous avons passé avec lui une journée merveilleuse. En exposant son parcours, il nous a dit qu'il n'avait pas fait d'études d'architecture, mais qu'il avait appris en fréquentant certains lieux où des bâtiments avaient été construits en tenant compte des nombres d'or, et que tout ce qu'il réalisait était basé sur ces nombres d'or. Il avait construit ainsi plusieurs palais dans le monde, de nombreux jardins des plantes, mais aussi des ponts.

Il a raconté, en nous montrant le plan d'un palais, qu'il l'avait réalisé en quelques heures seulement, car il suivait son intuition en tenant compte des personnes qui l'habiteraient. Puis, aidé d'autres personnes, il avait affiné le projet en lui donnant des dimensions concrètes.

Une personne l'ayant interrogé pour savoir s'il allait prendre bientôt sa retraite, il a répondu qu'il était trop jeune pour y penser !

Un autre interlocuteur lui a demandé d'être plus explicite sur la manière dont se manifestait son intuition. Il a répliqué que si l'on fonctionne avec son mental, il faudra peut-être plusieurs semaines pour monter un projet. Mais, quand on arrive vers quarante-cinquante ans, l'expérience aidant, cela demandera moins de temps. Puis, vers soixante, soixante-dix, quatre-vingt ans, on n'a plus à démontrer ses capacités, donc il se crée une forme de lâcher-prise et, à ce moment-là, l'âme peut s'exprimer davantage et mieux. C'est la sagesse qui émerge, on rentre dans l'ESSENTIEL et non plus dans le paraître, et alors tout devient plus facile et possible.

Il nous a parlé de ses résistances quand, lui aussi, décidait tout avec le mental et quand il était dans la volonté, ce qui lui a valu de nombreux déboires.

Comme Jacques COUELLE n'aimait pas parler de lui, il nous a raconté ce fait vécu avec son ami PICASSO. Une femme, qui le connaissait bien, souhaitait rencontrer PICASSO. Elle lui a demandé de l'inviter au restaurant en même temps que l'artiste. Ce qui a été fait. Pendant qu'il discutait, PICASSO, avec son crayon, griffonnait des traits sur sa serviette de table, apparemment machinalement. A la fin du repas, comme ce qu'il avait dessiné représentait quelque chose de sympathique, cette femme a demandé à PICASSO s'il accepterait de lui donner sa serviette de table. Il lui a répondu *« Non »,* mais qu'il pouvait la lui vendre pour 40.000 F (6.000 €). Elle a trouvé que c'était cher étant donné qu'il avait fait les traits machinalement, comme cela... Il lui a rétorqué : *« Sachez, madame, que ma main a acquis une conscience telle qu'elle peut dessiner toute seule et, ce que ma main a dessiné est le résultat de toute une vie ».* Puis, comme elle n'avait pas l'argent pour se l'offrir, PICASSO déchira sa serviette en petits morceaux.

En réalité, ce n'était pas l'argent qui l'intéressait, mais il voulait faire comprendre à cette femme (c'est comme cela que je l'ai interprété), que lorsque nous créons en étant relié à notre âme, c'est toutes les parties de notre corps qui sont dans la conscience et qu'il n'est plus nécessaire d'y mettre le mental.

Pour moi, cela voulait dire aussi que plus nous « vieillissons », plus nous sommes créateurs et que cette créativité peut s'exprimer jusqu'au dernier jour de cette vie terrestre. J'étais habitué à entendre le contraire : plus nous vieillissons, moins nous sommes efficaces et plus notre créativité diminue...

Rencontre avec le Professeur ROCARD. Il était venu, en tant que scientifique, nous parler de la radiesthésie. Son intervention était très intéressante car il nous a expliqué le fonctionnement du pendule, pourquoi notre corps était sensible à certains endroits, et comment il réagissait par l'intermédiaire du pendule.

J'ai été rassuré par cette démonstration car elle me confortait dans le fait que nous n'étions pas dans l'imaginaire (ou le virtuel comme nous disons actuellement). Le Professeur ROCARD nous a beaucoup parlé des découvertes récentes de la science qui remettaient en cause certaines théories avancées par des scientifiques. Il a parlé également de l'influence de la pensée sur la matière et, qu'au-delà de l'infiniment petit, il y avait autre chose d'indéfinissable que nous pouvions appeler le TOUT.

J'ai appris, également, qu'il était le papa de Michel ROCARD que j'appréciais politiquement à cette époque.

Tout cet ensemble m'a conforté dans mon choix. J'ai senti que tout était juste et que tout se reconstruisait en moi.

J'avoue que j'ai été très fier de rencontrer ces personnes, moi le simple agriculteur.

Rencontre avec Patrick DROUOT. - Ce physicien de formation s'est intéressé progressivement aux vies antérieures. Il a rencontré des personnes de diverses traditions qui lui ont parlé de la réincarnation.

J'ai eu la chance de participer à plusieurs de ses séminaires et j'ai beaucoup appris à son contact. Bien que je n'ai pas eu l'occasion de revivre des incarnations précédentes, j'ai pris conscience de l'évidence que nous avons eu plusieurs vies, et cela en dehors de toute croyance religieuse.

J'ai observé, dans ses séminaires, qu'il y avait de nombreuses coïncidences entre des personnes qui ne se connaissaient pas. J'ai compris que notre naissance était la suite de la vie précédente, ce qui m'a fait apparaître pourquoi certains enfants naissaient dans de meilleures conditions que d'autres. Rien n'est le fait du hasard, il n'y a pas de fatalité, et tout est juste.

J'ai découvert les lois de cause à effet ou lois d'attraction. Autrement dit, si dans une autre vie ou sur un autre plan nous sommes partis dans la paix, la vie suivante sera plus pacifique. De même, plus je suis dans la pensée juste et l'acte juste dans cette vie, plus je vivrai dans l'harmonie. J'ai compris que DIEU n'avait rien à voir dans ce que je vivais, car c'est moi qui suis responsable de ma vie et de ce qui m'arrive.

Je prendrai l'exemple des plantes. Pour avoir été agriculteur, je sais pertinemment que si je sème du blé dans une terre propre il poussera uniquement du blé ; si je sème des graines de carottes, je n'aurai que des carottes. Mais, si parmi ces graines de blé et de carottes, il se trouve des graines de chardon, je verrai pousser du blé, des carottes et des chardons. Ce n'est pas une punition, c'est à l'évidence le résultat d'un manque d'attention de ma part.

En réalité, il en est de même dans cette VIE comme dans une VIE antérieure ; ce n'est pas une punition de naître avec une difficulté, mais c'est tout simplement que nous avons quelque chose à comprendre, une expérience à vivre.

Rencontre avec d'autres personnes. - Dans le cadre de cette formation en géobiologie, j'ai rencontré plusieurs personnes dont les noms m'ont échappé mais qui m'ont aidé à comprendre beaucoup de choses.

Je me souviens d'un chercheur qui nous a expliqué comment fonctionne notre cerveau qui est un véritable émetteur-récepteur-décodeur comme il n'en existe aucun sur le plan matériel : le cerveau peut émettre et recevoir de n'importe quel endroit de la terre ; la pensée fait sept fois le tour de la terre en une seconde ; toutes nos pensées sont émises et ne restent pas dans notre cerveau ; nous pouvons faire beaucoup de bien mais, par contre nous pouvons aussi causer autant de désordre.

J'ai pris conscience de ce qu'a écrit Joseph MURPHY et par là-même de l'impact de mes pensées et de mes paroles, ce qui m'a conduit à devenir plus vigilant dans tous les domaines de ma vie.

Au sujet du pouvoir de la pensée, j'ai vécu lors de la formation une expérience très intéressante. Les formateurs nous ont proposé d'expérimenter le décodage des pensées avec les mains. Concrètement, il y avait une personne assise qui devait penser soit très positivement, soit très négativement. Chacun s'était positionné à sept ou huit mètres de la personne assise, les mains ouvertes vers elle. Nous avons passé ensemble ce que nous appelons une « convention mentale » : autrement dit, si je percevais le chaud au creux de mes mains, cela voulait dire que la personne pensait positivement, mais si je ressentais le froid, cela voulait dire que la personne pensait négativement. Presque toutes les personnes avaient obtenu la bonne perception.

Il s'est produit un cas particulier dans cette démarche proposée. Un homme était assis et un autre venait à sa rencontre. A trois mètres de lui environ, celui-ci a commencé à tousser, puis il a poursuivi jusqu'à un mètre de la personne assise et, tout-à-coup, il est tombé à terre en disant : « *J'étouffe, j'étouffe...* », sans comprendre ce qui lui arrivait. Elle était dans la croyance inconsciente que les autres avaient un pouvoir sur elle, sinon elle n'aurait pas vécu cette expérience.

La personne assise, qui avait pratiqué des arts martiaux, a révélé qu'elle imaginait qu'elle l'étranglait. Nous avons tous été stupéfaits de constater le pouvoir de la pensée et l'importance d'être dans le discernement pour une bonne utilisation de celle-ci.

Ce sont des milliers d'expériences que nous avons pu vivre, toutes aussi enrichissantes les unes que les autres.

INTERROGATIONS

SUSCITÉES

DANS

MES RELATIONS

PROCHES

INTERROGATIONS SUSCITÉES DANS MES RELATIONS PROCHES

Alors que je vivais ce changement extraordinaire dans ma vie, j'ai remarqué que des personnes proches étaient dérangées par mon nouveau comportement : les collègues de ma profession, les amis, mais aussi Marie-Paule mon épouse. Je saisissais bien qu'ils ne puissent pas me comprendre.

J'étais tellement heureux que je disais à qui voulait l'entendre que mes difficultés financières étaient la chance de ma vie puisque, sans elles, je n'aurais jamais découvert tout ce que j'apprenais. Imagine un responsable syndical ayant des responsabilités au niveau départemental qui, entre autres, se bat pour défendre les agriculteurs en difficulté, et qui, un beau jour, déclare qu'il est heureux de sa situation. Cela ne peut pas être compris !... Je suis persuadé que certains collègues ont considéré mes déclarations comme une trahison, car ils ont pris de sérieuses distances avec moi. Quelques-uns m'ont posé des questions pour essayer de me comprendre, d'autres ne m'ont plus adressé la parole. Certains ont pensé que j'avais « disjoncté », que j'étais devenu inconscient. J'ai entendu des réflexions m'invitant à être plus réaliste, à avoir davantage les pieds sur terre, etc... Malgré tout, quelques personnes m'ont encouragé à vivre ce qui semblait juste pour moi.

Tout cela a provoqué des tensions dans notre couple et j'étais conscient qu'une rupture pouvait survenir à cause de la situation financière de l'exploitation liée à la nouvelle démarche que je commençais. Je n'arrivais pas à m'exprimer correctement pour partager ce que je vivais au plus profond de moi.

Je remercie de tout mon cœur Marie-Paule de m'avoir accepté et accompagné, même si cela n'a pas été simple pour elle. Je remercie également mes deux fils de m'avoir accompagné et accepté, car je pense que pour eux cette période a été instable et a pu les faire souffrir. En même temps, je crois qu'ils ressentaient une certaine fierté dans mes choix.

Il est vrai que si j'avais trouvé un emploi « normal » ou que si j'avais suivi une formation « normale », il n'y aurait pas eu ces tensions, ces malentendus et, peut-être, cette suspicion.

J'ai pris conscience qu'il faut être déterminé pour oser vivre ce que nous avons envie de vivre.

J'ai remercié intérieurement ces personnes qui doutaient de moi et de mes choix, car elles m'ont permis d'être plus déterminé et de m'affirmer. Elles m'ont permis d'être enfin MOI-MÊME et d'avoir encore plus CONFIANCE EN MOI, DANS LA VIE ET DANS LE DIVIN EN MOI.

Je sentais cette FORCE EN MOI qui grandissait et j'étais dans la CERTITUDE que rien ni personne ne m'empêcherait de me RÉALISER.

J'ai remercié ces personnes car elles m'ont donné l'occasion d'exprimer l'AMOUR AU PLUS HAUT NIVEAU, de voir le meilleur en ELLES, tandis qu'auparavant je les aurais critiquées. ELLES m'ont permis d'intégrer la PAIX EN MOI.

C'est ce qui me fait dire, aujourd'hui, qu'**il est important d'aimer et de respecter les personnes qui nous critiquent car elles nous permettent de grandir, de nous affirmer et de nous positionner clairement.**

Les personnes qui nous interpellent, celles qui nous dérangent, sont nos « maîtres ».

J'ai observé que le bonheur des autres dérange beaucoup si nous ne le vivons pas nous-mêmes. J'entends quelquefois des réflexions adressées à des jeunes : *« Profites-en, car le bonheur ne dure pas » !* A des adultes qui vivent une période de bonheur, il est répété la même chose que pour les enfants et, si ce bonheur dure un certain temps, certaines personnes disent qu'un jour il faudra le « payer » !

Toutes ces croyances empêchent, en réalité, d'accepter le bonheur et le bien-être en permanence. Personnellement, depuis avril 1986, je connais un grand bonheur. Il continue et continuera car cela fait partie de notre héritage de vie. **Nous sommes tous venus sur terre pour connaître LE BONHEUR, LA JOIE, LA**

BEAUTÉ, L'EXCELLENCE, LA RÉUSSITE, dans TOUS LES DOMAINES.

Il est vrai que si tu exprimes tes problèmes, que tu souffres, tu es alors considéré comme une personne « normale ». Les humains ont un fonctionnement curieux !...

Nous devrions nous réjouir en voyant des personnes heureuses et qui s'épanouissent. Cela entraînerait tout le monde vers plus de beauté, de paix, d'harmonie et de joie. Ce serait tellement mieux !...

PRÉMICES

D'UN CHANGEMENT

PROFESSIONNEL

PRÉMICES D'UN CHANGEMENT PROFESSIONNEL

Au début de ma démarche, je prévoyais de continuer mon métier d'agriculteur et d'exercer, en plus, celui de géobiologue.

Comme j'avais, par ailleurs, découvert la PENSÉE POSITIVE dans les livres de Joseph MURPHY, je pensais, en appliquant les méthodes proposées, régler la situation financière sur l'exploitation agricole. Or, rien ne s'améliorait sur ce plan-là, ce qui me faisait douter un peu de l'efficacité de cette démarche.

Pourtant, cela fonctionnait très bien au niveau de la géobiologie.

D'autre part, comme je n'avais aucune aide pour financer la formation, j'ai effectué une démarche auprès de la banque pour signaler que je donnais la priorité au financement de la formation et que je rembourserais les prêts bancaires par la suite. Le banquier m'avait donné son accord. Il est vrai que j'ai toujours fait honnêtement le maximum pour régler ce que je devais.

Vers le mois de juin, j'ai remis ma comptabilité à la banque, et en voyant ma situation, celle-ci m'a envoyé un courrier m'annonçant que je ne pourrais plus faire de chèque, sinon je serais interdit bancaire. Ce fut un choc, car nous n'avions plus rien à vendre sur l'exploitation et nous n'avions pas de trésorerie disponible à ce moment-là. Cela voulait dire aussi que nous ne pouvions rien acheter pour les enfants, même pas de la nourriture. La situation était complètement bloquée.

Je me souviens que ma femme m'a dit en pleurant : « *Tu vois où cela nous a conduits ta pensée positive ! C'est toi qui as créé cette situation, il faut que tu t'arranges pour nous sortir de là !*»

Je ne supportais pas de la voir pleurer et je suis parti rempli de culpabilité vers l'exploitation. Peut-être m'étais-je trompé en croyant dans la force de la pensée ? Ou peut-être y avait-il quelque chose que je n'avais pas compris ou pas utilisé correctement ?

En ces instants où l'émotion était intense, je me suis pardonné de ne pas avoir fait ce qu'il fallait et je me rappelle que je me suis adressé à DIEU en moi en disant : « *Si tu es vraiment en moi, fais quelque chose car moi, je ne sais plus. C'est vraiment le moment de te manifester* » *!* J'étais dans l'abandon, le lâcher-prise, et je me sentais un peu perdu.

Environ dix minutes plus tard, Marie-Paule est venue à l'exploitation avec un grand sourire pour me raconter que des amis que nous n'avions pas rencontré depuis un an et qui connaissaient nos difficultés financières, mais qui ne savaient pas que nous étions bloqués ce jour-là, nous proposaient de nous prêter 3.000 € pour nous aider. J'ai remercié de tout mon cœur DIEU en moi, car j'avais été entendu et j'ai compris plusieurs choses.

Marie-Paule, tout en me prêtant beaucoup d'attention, n'arrivait pas complètement à comprendre ce que je vivais. Et là, ce fut comme si la VIE avait provoqué un blocage spectaculaire et un déblocage aussi spectaculaire. En effet, à partir de ce jour, tout a été plus facile dans notre couple et nous avons pu avancer main dans la main.

Je considère que cette expérience a été un moment fort pour notre couple. Elle a renforcé ma FOI EN DIEU car j'avais une preuve tangible de sa PRÉSENCE, et à partir de ce moment-là, j'ai ressenti une grande JOIE ainsi qu'une grande PUISSANCE. J'ai su que j'étais accompagné et guidé et que tout devenait possible.

Cette force m'a permis d'aller voir de nouveau le banquier et de trouver avec lui un arrangement équitable.

Voici une autre expérience que je vais te faire partager. Nous avions deux voitures « Renault 6 » très usagées (plus de 250.000 km) et sur l'une d'elles le pot d'échappement était percé. Pendant un temps, j'ai mis des pièces pour boucher les trous mais il est arrivé un moment où je ne pouvais plus réparer. J'ai décidé de me rendre chez le concessionnaire Renault pour acheter un pot d'échappement et le changer moi-même car je n'avais pas assez d'argent pour le faire monter par notre garagiste.

Parvenu chez le concessionnaire, j'ai aperçu en vitrine une « Renault 9 », série spéciale, avec deux couleurs (bleu et gris), et des vitres teintées. J'ai demandé si je pouvais monter à l'intérieur pour en éprouver les sensations. Bien sûr, elle était belle et me correspondait très bien. Quand j'ai demandé le prix, il m'a été répondu que c'était une série spéciale, le tout dernier modèle, et qu'il n'y en aurait pas d'autre. Son prix atteignait 11.500 € environ, mais il y avait possibilité d'obtenir un crédit à un taux d'intérêt intéressant. Dans le même temps, j'ai demandé le prix d'une « Renault 9 » neuve, série normale. Le prix était de 9.000 €, mais le taux d'intérêt était plus élevé.

En commandant une voiture d'occasion de 50.000 km avec un financement à taux d'intérêt élevé, cela me donnait une différence de mensualités de 75 €. Je me suis dit qu'il était plus intéressant de prendre la voiture de série spéciale avec un taux plus faible. J'ai alors demandé au représentant la possibilité de réserver une option pendant quelques jours pour que je puisse en parler à Marie-Paule et voir comment je pourrai la financer. Il m'a répondu qu'il y avait plusieurs personnes intéressées et que ce serait la première qui commanderait qui l'emporterait.

Je savais que dans quelques mois j'aurai besoin d'une voiture pour exercer mon métier de géobiologue. Comme j'étais attiré par cette voiture, j'ai alors mis une « option mentale », en me disant que si mon âme l'avait choisie, elle me serait réservée pendant plusieurs jours, et que si elle ne me correspondait pas, une autre personne l'achèterait.

Et je suis reparti avec mon pot d'échappement. J'ai parlé à ma femme de ce qui s'était passé. Elle est allée voir la voiture mais elle a trouvé que c'était insensé d'acheter une voiture neuve, une série spéciale en plus et qui coûtait plus cher. Que diraient les voisins, le banquier, etc.... !

J'ai alors décidé que ce serait MA voiture et que je prendrais MES responsabilités quoiqu'il arrive.

En vendant des céréales, j'ai demandé au commerçant de me verser un acompte de 2.200 € environ pour l'autofinancement de la voiture. Le concessionnaire a accepté de me prêter la différence sans me demander mes revenus. Pour moi, c'était le signe que tout était juste. Mes mensualités se montaient à 260 € environ, et je me suis dit que si cela était juste, j'aurais l'argent nécessaire pour payer ces mensualités. Au cas contraire, la voiture me serait reprise. J'ai toujours eu l'argent nécessaire pour régler facilement les mensualités.

L'achat de cette voiture a été le début de l'amélioration de ma situation. J'avais la preuve que tout était possible quand on ose suivre la VOIE DU CŒUR, et que la VIE est abondance à tous les niveaux.

En résumé. – Je suis allé chercher un pot d'échappement car mes moyens étaient limités et je suis revenu avec une voiture neuve... et l'argent est arrivé...

Evénement moins agréable.

Dans cette période de récolte, j'ai vécu un événement moins agréable. En effet, j'avais mis en place, sous contrat, une production d'herbe pour la sélection, c'est-à-dire que les graines produites étaient destinées à être semées par d'autres agriculteurs. Une surface de six hectares avait été ensemencée et la récolte s'annonçait très bonne. Or, un violent orage est survenu juste avant la récolte et la grêle avait détruit les deux-tiers de la semence. Cette perte très importante a provoqué, à nouveau, la détérioration de notre situation financière.

J'étais dans cette nouvelle démarche positive et pourtant tout allait de moins en moins bien sur l'exploitation agricole. J'étais désespéré. Autant la géobiologie me « portait », autant l'exploitation me « pesait ». Je me posais de plus en plus de questions sur l'avenir.

En parlant avec Patrick de l'évolution de ma situation, c'est alors qu'il m'a conseillé de rencontrer un astrologue. A cette époque, je considérais l'astrologie et les astrologues comme étant du domaine du charlatanisme. J'avoue que je n'avais aucune confiance. Mais, venant de mon ami, je lui ai fait confiance car il m'avait bien guidé la première fois en me donnant les documents sur la géobiologie. Il m'a indiqué l'adresse de Jean BILLON, astrologue à Guidel, près de Lorient (voir l'adresse en fin de ce livre).

Après lui avoir téléphoné, comme il avait un calendrier très chargé, celui-ci m'a proposé la date du 1er novembre

1986. Marie-Paule, pourtant très réticente, m'a cependant accompagné.

Jean BILLON a monté mon thème à partir du jour de naissance, et de l'heure de naissance. Puis, il a commencé à me parler de mon passé avec une très grande précision. Tout ce qu'il disait me parlait au fond de moi.

Il n'était pas surpris des difficultés que j'avais car je n'étais pas à ma place professionnellement et que je n'aurais jamais dû être agriculteur. Il m'a confirmé que si je m'obstinais à poursuivre mon métier d'agriculteur, non seulement je courrais à l'échec financier mais, de plus, je prenais des risques au niveau de la santé. Pour lui, il était clair que je devais cesser ce métier le plus rapidement possible. Curieusement, j'ai ressenti, à ce moment-là, comme un soulagement. Une partie de moi acceptait que cela soit possible, alors que, quelques mois avant, cela m'apparaissait inconcevable, car j'avais peur de souffrir, je crois.

Se posait alors la question de l'avenir. Il m'a précisé que la géobiologie était favorable pour moi, que j'avais des possibilités au niveau sensitif pour « sonder » le sol sur le plan subtil et magnétique, et que si je faisais confiance, je pourrais vivre de ce métier.

Puis, il m'a annoncé que je serais amené à guider des architectes dans la réalisation de leurs projets. J'ai été surpris car je ne connaissais rien en architecture.

Et, surprise, il a insisté sur le fait que j'enseignerais, bien que j'aie quitté l'école à quatorze ans pour travailler à l'exploitation, et que mon niveau intellectuel soit limité.

A la suite de cette consultation, j'ai décidé clairement que j'allais arrêter l'exploitation agricole et que, m'orientant vers la géobiologie, j'en ferais mon métier principal. Quant à la notion d'enseignement, j'étais très septique en pensant même que l'astrologie ne me paraissait pas très sérieuse. Je me suis dit que l'enseignement dont il parlait se ferait peut-être dans les rencontres avec les familles qui me feraient intervenir en tant que géobiologue.

ET DANS LES MOIS QUI ONT SUIVI, TOUT S'EST MIS EN PLACE COMME IL ME L'AVAIT DIT, DE FAÇON INATTENDUE ET MERVEILLEUSEMENT BIEN.

MISE EN PLACE

DE L'ARRÊT

DE L'EXPLOITATION

MISE EN PLACE

DE L'ARRÊT DE L'EXPLOITATION

Dès le moment où, suite à la consultation chez l'astrologue, j'ai décidé de cesser l'exploitation, tout s'est mis en place facilement. J'AI LÂCHÉ PRISE en acceptant du fond du cœur d'arrêter l'activité et tout ce qu'elle représentait pour moi. Car ce métier, je l'aimais et le considérais comme une vocation, j'y avais donné le meilleur de moi-même et j'y avais investi beaucoup d'énergie en construisant les bâtiments moi-même et en mettant en place, avec l'aide de Marie-Paule, les différentes productions.

LA, TOUT S'ARRÊTAIT : l'exploitation, mon passé syndical, la collaboration avec les autres collègues agriculteurs. C'était toute une tranche de vie qui finissait. Bien sûr, je ne pouvais pas cesser l'exploitation d'un seul coup, donc je me suis donné jusqu'à la fin de l'année 1987 pour arrêter définitivement.

La première décision concrète a été de vendre le cheptel « Blonde d'Aquitaine », et c'est ce que j'appréhendais le plus car j'aimais beaucoup mes animaux. Mon souhait était que tous les animaux puissent aller chez des éleveurs qui pratiquaient, comme moi, la sélection pour la reproduction. Si cela ne pouvait pas se faire, je serais obligé de les envoyer à l'abattoir. J'ai alors demandé à DIEU que mes animaux partent dans les meilleures conditions possibles et, là aussi, j'ai lâché prise en acceptant qu'il arrive ce qui devait se passer.

Dans le courant de février 1987, un éleveur m'a téléphoné pour savoir si les petites génisses que j'avais à vendre étaient toujours là. Je lui ai répondu qu'elles étaient vendues. Alors, il m'a demandé s'il pouvait venir voir mon troupeau car il n'avait jamais vu de « Blondes d'Aquitaine ». Sur mon accord, il est venu, quelques jours plus tard, et il est tombé « amoureux » de mon troupeau. Je lui ai expliqué ma situation et que s'il était intéressé, il pouvait acheter tout le troupeau.

Peu après, il m'a téléphoné qu'il souhaitait acheter tous les animaux pour continuer la sélection et qu'il reviendrait pour se mettre d'accord sur le prix et le financement. Cela a été une joie immense de savoir que toutes mes bêtes se retrouveraient ensemble chez le même éleveur.

De nouveau, j'avais été entendu par le DIVIN et je l'ai remercié de tout mon cœur. C'était, par là même, le signe que l'arrêt de l'exploitation était juste. Curieusement, de nouvelles opportunités se sont présentées au niveau de la géobiologie mais aussi dans d'autres domaines (j'en parlerai plus loin).

Après avoir convenu du prix et des modalités, notamment au niveau sanitaire, l'agriculteur est venu accompagné des trois camions du transporteur pour emporter les animaux.

Marie-Paule appréhendait ce départ car elle s'était beaucoup attachée au cheptel. Elle en ressentait une grande tristesse. Mais, par coïncidence, au moment où les animaux allaient partir, elle a reçu un appel téléphonique par lequel on lui proposait une activité. Ainsi, elle n'a pas assisté au départ du convoi. Oui, la VIE est merveilleuse.

Avant de vendre les animaux, les règles sanitaires obligent à effectuer une prise de sang pour s'assurer que tous soient sains. Le résultat était parfait.

A leur arrivée chez le nouveau propriétaire, un autre contrôle a établi qu'une des vaches avait réagi négativement. Je me suis donc trouvé dans l'obligation de la reprendre. Or, ce n'était pas n'importe quelle vache, c'était « Joliette », celle que j'aimais particulièrement car il ne lui manquait que la parole...

Le message que j'ai compris, c'est qu'elle revenait mettre un point final à mon passé d'agriculteur, pour me dire : *« maintenant, c'est terminé » !* En effet, quand un animal revient après avoir réagi négativement, on est tenu de le faire abattre dans le mois qui suit.

Donc, j'ai dû mener à l'abattoir la vache que j'aimais le plus. J'ai pleuré, c'était comme si elle était un être humain. Cela peut paraître bizarre, mais pendant plusieurs années, quand je racontais cette histoire, j'avais beaucoup d'émotion parfois jusqu'aux larmes. Je crois qu'il y avait « Joliette », mais aussi tout ce qu'elle symbolisait. En cet instant-même, je ressens encore de l'émotion. Je l'ai souvent remerciée pour cette prise de conscience, pour cet amour partagé.

Je voudrais te faire partager ces expériences vécues. En effet, lorsque j'ai découvert la « Pensée Positive » et le fait que l'on pouvait communiquer par la pensée avec les humains, mais aussi avec les animaux, j'ai vécu diverses expériences.

Par exemple, je parlais à mes vaches en leur disant que si elles avaient besoin de moi pour les aider pour la naissance de leur veau, qu'elles attendent que je sois là, et que, si elles n'avaient pas besoin de moi, elles pouvaient « mettre bas » quand elles le voudraient. Et cela a très bien fonctionné. D'ailleurs, j'ai proposé à d'autres agriculteurs d'employer la même méthode et ils ont eu d'excellents résultats. C'est vraiment merveilleux ! J'irais jusqu'à dire que les animaux sont très réceptifs aux pensées des ÊTRES HUMAINS. Tu peux l'expérimenter.

Dans les mois qui ont suivi, nous avons commencé à vendre le matériel, les stocks, et là aussi, nous avons vécu des situations extraordinaires.

Habituellement il est très difficile de vendre le fumier. Or, nous l'avons vendu très facilement, de même que la paille, l'ensilage. Et, nous avons pu remarquer qu'à chaque fois que nous avons eu besoin d'argent, nous avons vendu l'équivalent en stock ou en matériel.

Je me souviens qu'à la suite de la rencontre chez Jean BILLON, l'astrologue avait confirmé à Marie-Paule de se réserver une pièce pour elle car c'était important pour son évolution. Ainsi, vers la fin de l'année 1987, elle a décidé d'aménager une pièce dans les combles. Nous avons estimé que le coût monterait à 1.300 €. Or, nous n'avions pas la trésorerie pour cela et je lui ai conseillé d'attendre. Elle m'a répliqué que je disais aux autres de faire confiance et que, si la décision était juste, l'argent serait au rendez-vous. Alors, je lui ai répondu : *« D'accord, nous allons commander les matériaux ».* Nous avons fait un chèque de 1.300 € sans provision et sans savoir comment il serait approvisionné, mais nous avons fait confiance.

Il s'est trouvé, dans les mêmes temps, que j'avais un vieux tracteur à vendre depuis plusieurs semaines, et nous n'avions aucun contact téléphonique. Or, le soir où nous avons commandé les matériaux, curieusement, un homme nous a contactés pour venir voir le tracteur. Il est venu et nous l'a acheté avec un chèque de 4.200 €.

Fin de l'année 1987, nous avons vendu les derniers veaux de boucherie.

TOUT S'ÉTAIT PASSÉ ADMIRABLEMENT ET HARMONIEUSEMENT.

C'est vraiment extraordinaire, car en avril 1986, je n'imaginais pas d'arrêter mon métier d'agriculteur tellement j'y étais attaché. Au fil des mois, lentement, dans la douceur, par le lâcher prise, la situation s'est inversée. Ce que j'ai découvert m'a apporté énormément plus de bonheur et d'enthousiasme que l'activité agricole de ces derniers mois qui m'ont semblé si longs et si fastidieux.

J'AI APPRIS UNE AUTRE LEÇON : QUAND TU ACCEPTES DE SUIVRE LA VOIX DU CŒUR, TOUT SE PASSE DANS LA DOUCEUR, LA JOIE, L'HARMONIE, ET DE FAÇON JUSTE ET AU MOMENT JUSTE.

Quand tu acceptes le changement, c'est toujours pour aller vers un PLUS et jamais vers un moins. La VIE te propose d'entrer dans une spirale montante qui te conduit vers ce qu'il y a de meilleur.

RÈGLEMENT

DE MA

SITUATION

FINANCIÈRE

RÈGLEMENT

DE MA SITUATION FINANCIÈRE

Fin 1987, après l'arrêt de l'exploitation, nous avons fait le bilan final de l'activité, qui confirmait un endettement d'environ 155.000 €, ce qui était beaucoup. Je ne savais pas comment je parviendrais à régler cette situation car, à cette époque, un agriculteur ne pouvait pas être déclaré en faillite, ce qui voulait dire que les créanciers avaient la possibilité de mettre la saisie sur la maison, voitures, et autres biens, et notamment la banque qui avait trente années pour se faire rembourser.

D'après les livres de Joseph MURPHY et après avoir vécu plusieurs expériences qui m'ont montré que je pouvais faire totalement CONFIANCE dans la VIE, en DIEU, j'étais dans la certitude qu'il y aurait une bonne solution, une SOLUTION DIVINE. Je peux affirmer que j'ai toujours dormi en paix.

Je me souviens que je m'étais pardonné de ne pas avoir compris les messages qui m'avaient été donnés et que j'avais refusé de voir. Je m'étais pardonné de mon entêtement dans une voie qui n'était plus la mienne. J'ai offert humblement ce passé à DIEU en demandant qu'il me soit donné une bonne solution, équitable pour tous (coopérative, banque, transmission de l'exploitation).

Transmission de l'exploitation. – J'avais décidé de transmettre l'exploitation, dont j'étais locataire, dans les meilleures conditions possibles. D'avril 1986 à octobre 1987, j'ai continué à bien entretenir l'exploitation pour qu'elle soit propre et dans un état correct à tous les niveaux.

Dans le même temps, j'ai informé la propriétaire que j'arrêterai fin 1987. Or, le bail se terminait à la fin de cette année-là et, normalement, j'aurais dû l'avertir dix-huit mois avant, démarche que je n'avais pas pu faire car je n'avais pas encore pris de décision. De ce fait, le bail repartait légalement pour neuf années.

Par ailleurs, j'avais effectué des travaux dans des bâtiments dont je n'étais pas propriétaire et, de ce fait, j'étais en droit de demander une indemnisation à la propriétaire, que j'avais calculé à environ 11.500 €. Je lui ai envoyé une lettre à laquelle elle a répondu par l'intermédiaire de son avocat, m'informant qu'en réalité, elle ne me devait rien car elle n'était pas certaine de relouer l'exploitation. De plus, n'ayant pas dénoncé le bail à temps, celui-ci continuerait pendant neuf ans et que c'était moi qui lui devait de l'argent.

Mon avocat a confirmé que ses arguments étaient peut-être valables. Peu de temps après, les terres ont été louées à un autre agriculteur, mais pas les bâtiments. Pour moi, cela remettait en cause ses arguments.

J'ai demandé à ce que l'affaire soit jugée devant un Tribunal paritaire. Dans un premier temps, le Tribunal a proposé un arrangement à l'amiable pour que la propriétaire me paye les 11.500 €. Mais elle a refusé. J'ai confié à la JUSTICE DIVINE cette situation en demandant que le résultat soit juste pour elle et pour moi. Donc, l'affaire a été jugée devant le Tribunal paritaire et ma demande a été acceptée. Evidemment, la propriétaire a été surprise car son avocat était persuadé qu'elle gagnerait le procès. C'est pourquoi, elle a décidé de faire « Appel » dans les deux mois de délai légal.

Curieusement, les deux mois sont passés et son avocat a omis de faire « Appel ». Donc, elle ne pouvait plus contester sur le fond, mais elle a demandé à négocier le montant. Le Tribunal a proposé un expert que les deux parties ont accepté.

Après étude, l'expert a proposé 12.500 €, soit 1.000 € de plus que ce que j'avais demandé, mais aussi, considérant que les aménagements ne seraient pas totalement utilisables par la suite, il a avancé la somme de 6.250 €, soit la moitié.

Comme j'avais demandé à la JUSTICE DIVINE ce qui était juste, j'ai accepté, mais la propriétaire a refusé considérant que le coût était encore trop élevé. Elle a fait appel du jugement qui est passé à Rennes, un an plus tard. Avec mon avocat, nous avons bien préparé le dossier et j'ai continué à demander ce qui était juste pour elle et pour moi.

Lors du passage en appel, mon avocat m'a informé qu'il y avait de grandes chances pour que le montant de 6.250 € soit accepté, mais qu'il fallait attendre le délibéré un mois plus tard. Le mois écoulé, mon avocat m'a téléphoné très surpris car la propriétaire était condamnée à payer les 12.500 € plus les frais de tribunaux.

En réalité, de mon point de vue, elle avait contesté la JUSTICE DIVINE et c'est pour cela qu'elle devait payer la totalité. Cette décision a provoqué un peu de tension envers moi. Deux mois plus tard, je l'ai rencontrée dans la ville où elle habitait. Nous nous sommes parlés en toute amitié et maintenant notre relation est bonne.

Règlement concernant la Coopérative. - Comme je devais à la Coopérative environ 95.000 €, factures à l'appui, j'ai reçu un courrier me demandant comment j'allais régler cette créance. De nouveau, j'ai demandé à DIEU d'être GUIDÉ pour répondre à cette lettre et j'ai lâché prise en faisant confiance dans la réponse qui me serait donnée.

Au matin, un chiffre très clair m'est venu à l'esprit : 19.800 €. J'ai alors écrit à la Coopérative pour dire que je sentais lui devoir la somme de 19.800 € avec un règlement sans intérêt. Dans un premier courrier, les responsables de la coopérative m'ont signifié leur désaccord. Je n'ai pas répondu. Un an plus tard, j'ai reçu une lettre de la coopérative qui me demandait une somme moins importante. Je lui ai écrit que je restais sur mes positions.

Pendant deux années, j'ai reçu d'autres propositions et, à chaque fois, la somme diminuait. La quatrième année, ils m'ont proposé la somme de 41.000 € mais j'ai répondu que pour moi c'était 19.800 € et pas plus. J'ai alors reçu un coup de fil d'un administrateur m'annonçant que la coopérative serait obligée d'engager une procédure. J'ai répondu cordialement que je comprenais leur position mais que si la coopérative engageait une procédure, elle perdrait.

Concrètement, je n'avais aucun argument juridique pour me justifier, de même que pour démontrer le montant que je proposais. Simplement, je le sentais au plus profond de mon cœur.

Quatre mois plus tard, la coopérative m'informait par lettre qu'elle était d'accord sur mes propositions.

J'ai aussitôt versé les 12.500 € que j'avais reçus de ma propriétaire, et le solde a été payé assez rapidement.

Là aussi, la JUSTICE DIVINE est intervenue.

Règlement avec la Banque. – Je devais un capital d'environ 66.000 € et, comme la coopérative, la banque m'a demandé comment je rembourserais ce que je devais.

De nouveau, j'ai demandé à la JUSTICE DIVINE de me guider pour trouver une bonne solution à cette situation.

Suite à ma première rencontre avec Jean BILLON, l'astrologue, et vu tout ce qui se passait dans ma vie, j'ai décidé de le consulter à nouveau pour faire le point, entre autres sur le plan financier, vers le début de 1988. Il m'a précisé que tout se passerait bien car j'avais accepté le changement, accepté de suivre la voix du cœur.

Il m'a indiqué, au sujet de la banque, que mon dossier serait « suspendu », c'est-à-dire que je n'en entendrais pas parler pendant plusieurs années. J'avoue que je n'ai pas très bien compris car, en général, les banques font le maximum et emploient les grands moyens pour se faire payer. Par ailleurs, il m'a averti que je serais en contact avec une personne de la banque avec qui j'ai déjà été en conflit. Aussitôt j'ai compris de qui il s'agissait.

Je vais revenir en arrière, au moment de mon installation. J'avais choisi une production animale qui, à l'époque, était financée à des taux d'intérêts élevés, 12 %. Certains de mes collègues, ayant choisi la même production, avaient modifié leurs dossiers et obtenu des prêts à 4,5 %.

En tant que syndicaliste, je me suis « battu » avec des collègues pour obtenir des financements officiels plus intéressants. Si mon dossier a servi à cette démarche, par contre je n'ai pas pu en bénéficier comme les autres dans les mois qui ont suivi. En effet, la banque est gérée, au niveau régional, par des agriculteurs et les décisions sont normalement prises par eux.

Or, suite aux différentes rencontres que nous avons eu avec la Caisse

Régionale, des décisions ont été prises en défaveur de plusieurs éleveurs par un administratif, à la place des administrateurs. Cela m'avait mis en colère et, avec quelques collègues, nous avons effectué une démarche pour qu'il soit sanctionné. A cause de ce fait, cet employé s'était retrouvé au service contentieux de la Caisse Régionale.

Au début de 1988, lorsque j'ai été convoqué par la Caisse Régionale pour régler mon dossier, j'ai pensé que je rencontrerais la personne qui avait été sanctionnée. J'ai alors effectué une démarche de pardon vis-à-vis de lui car, en réalité, sans le savoir, il m'avait donné le message pour que je ne m'installe pas. Mais, en 1974, je ne connaissais rien à cette démarche. Quelque part, c'est grâce à lui si je suis arrivé là où je suis aujourd'hui.

Par toutes ces prises de conscience et ces démarches de pardon, j'ai pu le rencontrer pacifiquement et nous sommes tombés d'accord sur un protocole correct concernant l'échelonnement du remboursement de la totalité de la somme que je devais.

Curieusement, j'ai signé ce protocole mais la banque a omis de le parapher, de sorte que je ne pouvais pas commencer à rembourser. Sept années se sont écoulées sans que la banque ne me réclame rien. Ce que Jean BILLON m'avait dit s'était réalisé.

En 1994, j'ai cherché à acquérir un local professionnel autour de Châteaubriant, mais rien ne se passait harmonieusement.

Nous avons trouvé une maison avec un grand terrain, mais tout semblait compliqué pour se mettre d'accord sur le prix, les modalités et aussi la banque. J'ai eu l'impression de revivre en puissance mon installation en tant qu'agriculteur.

J'en ai parlé avec Jean BILLON qui, effectivement, m'a dit que l'acquisition d'un bien se ferait seulement en 1995. Cependant mon mental aurait voulu que ce soit plus tôt. Dans le même temps, j'ai découvert la Numérologie et je me suis aperçu que j'étais dans une année personnelle 9. Or, il ne faut pas investir dans une année personnelle 9 ou 7 car, en général, cela entraîne beaucoup de difficultés. De fait, je me suis installé agriculteur dans une année personnelle 7 et cela m'a conduit à la faillite. Une amie numérologue m'a indiqué que l'année personnelle 9 est une année de bilan, de nettoyage intérieur par rapport à mon passé et, en l'occurrence, le bilan de ma première moitié de vie.

Immédiatement, j'ai demandé au DIVIN de m'aider à voir clair, à bien comprendre les messages, à me libérer du passé toujours en douceur et, de nouveau, j'ai lâché prise et observé ce qui se passait.

De nombreux souvenirs de mon enfance, de mon adolescence et de ma vie d'adulte sont remontés à ma mémoire. A chaque fois, cela concernait des critiques, des croyances négatives, des souvenirs de limitation, etc. J'ai effectué des démarches de pardon et j'ai remplacé ce négatif par le positif et le doute par la confiance.

J'ai effectué un très grand nettoyage et pourtant cela faisait sept années que j'étais en démarche et je pensais alors avoir éliminé un bon nombre d'éléments de mon passé.

Début 1995, la situation commençant à se clarifier, le projet d'achat du lieu s'est précisé. Nous avions loué quelques années auparavant deux bureaux à Châteaubriant. Début janvier, nous avons averti les propriétaires que nous cessions la location pour la fin mars 1995, date qui correspondait à l'achat d'un autre lieu et au déménagement. Dans les jours qui suivirent, les propriétaires avaient trouvé de nouveaux locataires, tout semblait parfait.

La banque, une autre que celle que j'avais eu dans l'agriculture, nous a signifié par courrier qu'elle ne pouvait pas financer l'achat du lieu professionnel. Cette annonce a agi sur moi comme un coup de massue. Tout se trouvait remis en cause. Le projet allait être annulé et nous n'avions plus les bureaux...

J'avoue, à ce moment-là, avoir douté de moi, de la démarche que je faisais et que j'enseignais, du pouvoir de la pensée, de la programmation. Peut-être que ce que je disais aux autres était faux ! Je m'étais peut-être trompé ? Beaucoup de questions m'ont submergé en quelques heures.

Dès le lendemain, avec l'aide de Marie-Paule, je me suis dit que notre âme nous donnait des indications à travers cette situation que nous ne comprenions pas à cet instant mais que nous comprendrions plus tard.

Je me souviens que l'un de mes fils m'a dit d'un air moqueur : *« Tu vois, papa, ta pensée positive ne marche pas toujours » !* ce à quoi je lui ai répondu : *« Effectivement, je constate qu'il y a quelque chose que je ne comprends pas pour le moment, il y a un sens caché ».* Il m'a répliqué : *« Evidemment, tu trouves toujours une explication ! ».* Il est vrai que mon orgueil en a pris un coup...

Fin mars est arrivé et nous n'avions toujours pas de solution. Nous avons dû déménager nos bureaux à notre domicile de Moisdon-la-Rivière, et je ne comprenais rien. Pendant ce temps, comme nous n'avions pas pu acquérir le lieu prévu, celui-ci a été vendu à un autre couple. La situation m'est apparue complètement bloquée.

J'ai alors demandé à mon âme de me donner des indications pour faire évoluer le projet, pour trouver une bonne solution. En utilisant différents « outils », il en est ressorti qu'il était important d'approfondir par rapport à mon passé et, entre autres, de régler le dossier agricole. Un jour, j'ai eu un message très clair par lequel il fallait que je propose à la banque (celle que j'ai eu quand j'étais agriculteur), de rembourser sur huit ans un capital de 30.000 € au lieu des 66.000 € et sans intérêt. J'ai alors envoyé une lettre à la banque par l'intermédiaire de mon avocat qui m'a prévenu qu'il aurait sans doute beaucoup à négocier pour obtenir cet accord.

Dans les jours qui ont suivi, une agence nous a proposé une maison au bord de l'eau, avec une exposition au nord, donc peu ensoleillée. Dans ma programmation, j'avais visualisé un lieu au bord de l'eau, avec des espaces verts, et une surface habitable de 130 à 150 mètres carrés. Cette maison correspondait bien à mes demandes, sauf son orientation. Donc, nous étions d'accord pour la louer dans un premier temps, puis de l'acheter par la suite. Cette maison était disponible, mais comme les propriétaires l'avaient mise en vente dans une autre agence, au moment de nous installer, elle s'était trouvée vendue.

De nouveau, tout allait de travers. Je me souviens du soir où, « fâché » contre DIEU, je lui ai dit : *« Mais qu'est-ce que tu veux me dire ? Quel est le message ? J'en ai marre !... »,* et je suis allé me coucher. Le lendemain matin, j'animais un séminaire près d'Angers. Je me suis levé tôt et, pendant l'heure de route, j'ai médité tout en conduisant, en demandant une réponse.

Arrivé près d'Angers, j'ai eu un message très clair : *« Transforme le lieu d'habitation de Moisdon-la-Rivière en lieu PROFESSIONNEL et achète une maison d'habitation à Châteaubriant ».* Ce message a été tellement fort que je me suis arrêté à une cabine téléphonique pour appeler ma femme qui a été surprise de mon appel. Quand je lui ai transmis le message, sa première réaction a été de dire : *« Comment les enfants vont réagir ? Est-ce qu'ils vont être d'accord ? »* Je lui ai alors proposé d'utiliser, de son côté, les « OUTILS » pour savoir si cela était juste pour toute la famille.

Effectivement tous ont confirmé que cela était juste. Dès le lundi suivant, nous avons contacté notre notaire qui venait, lui-même, de recevoir la mise en vente d'une maison correspondant exactement à ce que nous recherchions : 140 m2 habitable, de grandes baies, au bord d'un étang, 850 m2 de terrain et, de l'autre côté de la clôture végétale, 35 ha d'espaces verts entretenus par la Ville de Châteaubriant, avec un grand plan d'eau dont je rêvais..

Nous avons contacté le Crédit Foncier qui, immédiatement, a accordé les prêts et, un mois et demi après, nous avons emménagé dans cette maison. Curieusement, le jour du déménagement, nous avons reçu une lettre de la banque, celle où j'avais mes emprunts agricoles. Elle stipulait qu'elle était d'accord pour le montant proposé de 30.000 €, au lieu des 66.000 €, sans intérêt et sur un délai de huit ans.

J'AI COMPRIS TOUS LES MESSAGES QUE LA VIE NOUS AVAIT DONNÉS, TOUT DEVENAIT LOGIQUE ET LIMPIDE.

→ Tout d'abord, les difficultés rencontrées m'ont permis d'effectuer une démarche en profondeur de pardon par rapport à mon passé, ma relation avec l'argent.
→ J'ai pu clarifier ce passé en réglant les litiges avec la banque où j'avais des comptes en tant qu'agriculteur.
→ En m'obligeant à déménager les bureaux de Châteaubriant à Moisdon-la-Rivière, mon âme m'a indiqué que c'était là que je devais faire le lieu

professionnel. En effet, ce lieu s'est avéré l'endroit idéal pour recevoir les groupes car il se situe en pleine campagne et dans le silence. Toutes les personnes qui y viennent apprécient ce lieu. C'est comme si, sans le savoir, nous avions conçu la maison pour recevoir les groupes.

→ La maison achetée à Châteaubriant correspond parfaitement à la famille et nous pouvons profiter de ce bel environnement alors que, si elle avait été un lieu professionnel, je n'aurais pas eu le loisir de l'apprécier.

→ Un gain financier très important. En effet, la première maison que nous avions trouvé valait, en 1995, 130.000 € plus 20% de frais d'enregistrement, du fait qu'elle aurait été utilisée professionnellement, soit un total de 156.000 €. La maison que nous avons achetée, tous frais confondus, nous a coûté pour la même surface habitable, sauf le terrain qui est plus petit, 105.000 €

(les frais d'enregistrement se montaient à 5 %).

- → La démarche de pardon vis-à-vis de la banque a fait que nous avons remboursé 30.000 € au lieu de 66.000 €, soit un gain de 36.000 €
- → Au total il y a eu une non dépense de 87.000 €.

VOILA LA MAGIE DE LA VIE, MERCI LA VIE, MERCI MON ÂME POUR CES BEAUX MESSAGES QUI NOUS ONT ÉTÉ DONNÉS.

CE QUI EST EXTRAORDINAIRE, c'est qu'au départ nous avions une dette d'environ 160.000 € et que, en faisant CONFIANCE dans le DIVIN, nous avons remboursé 23.000 € environ (trésorerie réellement versée) car il y a eu d'autres rentrées financières exceptionnelles.

Tout cela s'est passé dans la PAIX et l'HARMONIE. Aujourd'hui, tout est réglé.

OUI, J'AFFIRME QUE MÊME DANS LES SITUATIONS LES PLUS COMPLIQUÉES,

APPAREMMENT INSOLUBLES, IL Y A TOUJOURS DE BONNES SOLUTIONS SI TU FAIS CONFIANCE DANS LA VIE, DANS LE DIVIN.

Il y a une condition, c'est de mettre de l'ordre dans ta vie en t'harmonisant au niveau de l'âme et du cœur.

CRÉATION

DE L'ACTIVITÉ

EN GÉOBIOLOGIE

CRÉATION DE L'ACTIVITÉ EN GÉOBIOLOGIE

J'ai poursuivi la formation en géobiologie avec de plus en plus d'enthousiasme, de joie et de bonheur, et j'ai été émerveillé par ce que j'ai découvert à chaque session. J'ai pratiqué davantage cette discipline en la proposant à des amis qui ont obtenu de bons résultats et un mieux-être dans leurs habitations.

Chaque jour pendant une heure, je me suis exercé à la pratique du pendule et j'ai constaté que ma sensibilité se développait ainsi que mon intuition, je percevais davantage de choses sur le plan subtil.

Vers le mois de mars 1987, avec Marie-Laure, une collègue de formation qui habitait Rennes, nous avons décidé d'animer des conférences dans différentes villes des Pays de Loire et de la Bretagne. Conscients d'avoir effectué la moitié seulement de la formation, nous avons décidé que nous ne parlerions que de ce que nous avions appris et que, si des personnes posaient des questions auxquelles nous ne pourrions pas répondre, nous préciserions que nous n'avions pas terminé la formation. Aucune ne nous a posé des questions auxquelles nous n'avons pas pu répondre.

Plusieurs personnes nous ont demandé des analyses de leur habitat. Nous avons accepté en précisant que nous effectuerions des demi analyses et que nous les terminerions plus tard lorsque notre formation serait terminée

Cela nous a permis d'intégrer directement la formation, alors que d'autres collègues attendaient la fin des cours pour commencer (je parlerai d'un exemple plus loin). Bien entendu, nous nous sommes faits rémunérer pour ces analyses, ce qui nous a permis, à tous les deux, de payer très largement la formation. Ce qui a été fabuleux, c'est que les journaux et les radios nous ont fait de la publicité (car c'était nouveau à l'époque), par des articles dans leurs colonnes pour annoncer nos conférences et en donner des comptes rendus après.

Nous avons commencé, également, à nous faire connaître par des plaquettes que nous avons mis à disposition dans certains lieux et pendant les conférences. Il est vrai que nous avons été efficaces et volontaires pour nous faire connaître (démarches près des architectes, fabriquant de briques en terre cuite, certains artisans, coopératives bio, librairies, affichage publics, etc.).

Début septembre 1987, avec Marie-Laure, ma collègue, nous avons décidé de rencontrer les responsables du Parc des Expositions de Nantes pour savoir s'il était possible de participer au Salon de l'Habitat qui, à l'époque, avait lieu le dernier week-end d'octobre et le premier week-end de novembre. On nous a informé qu'il restait deux stands, un de 3x3, soit 9m2 avec 3 m de façade, ce qui nous paraissait trop petit, et un espace de 36 m2, soit 6 m de côté et ouvert de tous les côtés. C'était le plus cher, mais aussi le mieux placé, au centre du grand Hall, près du stand de la Presse (c'est aussi pour cela qu'il était disponible). La location avec l'aménagement montait à 3.000 €, tout en sachant qu'il fallait verser un acompte de 1.000 € à la réservation, le solde de 2.000 € étant à régler avant le début de l'exposition.

Marie-Laure et moi-même n'avions pas l'argent nécessaire à la réservation. Nous avons proposé de réfléchir et que nous donnerions notre réponse dans une semaine. Ayant expérimenté la programmation positive, nous avons mis une « option mentale », à savoir que si cet espace était pour nous, nous trouverions une solution dans la semaine.

Effectivement, dans la semaine, nous avons eu l'idée de proposer d'animer des conférences gratuites au Parc des Expositions pendant le Salon. Jamais, il n'y avait eu des conférences jusqu'à ce jour. Une semaine plus tard, nous avons rencontré à nouveau les responsables auxquels nous avons exposé nos propositions. En échange, nous réglerions les 1.000 € avant l'exposition et les 2.000 € un mois après. Ils ont considéré que l'échange était équitable et ils ont donné leur accord.

Nous nous sommes engagés pour 3.000 € sans avoir l'argent. Il fallait désormais trouver les fonds. Avec Marie-Laure, nous avons décidé de rencontrer des sponsors pour nous aider financièrement et, en échange, nous leur avons proposé d'exposer dans le stand leurs produits (briques, peintures), mais aussi leur savoir-faire.

Lors de ces contacts, les sponsors se sont montrés septiques car ils avaient vécu des échecs lors de précédentes expositions. Mais nous étions tellement convaincus que ça marcherait, qu'ils ont accepté en majeure partie, et nous avons pu obtenir ainsi une aide de 2.250 €. Nous étions heureux d'avoir oser demander.

Lors de l'installation du stand, nous nous sommes aperçus que nous avions omis de définir précisément ce que les sponsors mettraient en exposition. Si bien qu'ils ont occupé les trois-quarts de l'espace. Tu me diras que c'est normal puisqu'ils avaient financé les trois-quarts, mais pour nous, cela modifiait notre programme et notre organisation. Sur le quart restant, nous avons aménagé une chambre car c'est là où il faut être le plus vigilant, notamment au niveau de la pollution électrique, en effet c'est quand nous dormons que nous sommes le plus vulnérable.

Pour effectuer nos démonstrations (recherches de source, de faille, de pollution électrique, etc.) nous avons dû les faire dans les allées si bien que nous avons bloqué plus ou moins le passage et que nous avons provoqué des attroupements qui attiraient encore d'autres personnes.

Les journalistes, dans le stand voisin, voyant qu'il y avait toujours du monde autour de nous, se sont intéressés à nous et, de ce fait, nous avons eu droit à des articles dans les journaux et des interviews à la radio et à la télé. Les conférences, où nous avions convoqué des architectes et des personnes sensibilisées à l'habitat sain, ont obtenu un grand succès auprès du public.

Le soir, à la fermeture du Salon de l'Habitat, nous avons continué à animer des conférences, mais à l'extérieur. Nous avons dormi très peu, mais nous étions animés d'une énergie extraordinaire. Marie-Paule et nos deux fils ont participé avec une grande joie à ces activités.

Cette semaine-là, nous avons même organisé une journée de réflexion à l'Ecole d'Architecture de Nantes. Ce fut une expérience merveilleuse. Là aussi, avec Marie-Laure, nous avons rencontré le responsable de l'Ecole d'Architecture qui, après discussion de nos propositions, a accepté de mettre gratuitement à notre disposition l'amphithéâtre de l'Ecole et de contacter tous les architectes des Pays de la Loire, en précisant toutefois qu'il ne fallait pas nous attendre à une importante participation.

De notre côté, nous avons fait le maximum et, le jour prévu, il y avait soixante-dix personnes, ce qui a surpris le responsable qui n'avait jamais réussi à réunir une telle participation de professionnels. Cette journée a été un réel succès qui a apporté de plus du sérieux à notre démarche.

L'ensemble de ces activités a généré de nombreuses analyses pour plusieurs mois. Les exposants ont très bien vendu leurs produits et les responsables du Salon et de l'Ecole d'Architecture ont été très satisfaits se déclarant prêts à renouveler l'expérience.

Je dois écrire que, pendant ces jours-là, nous avons organisé également un concert avec les « Cors des Alpes » mais avec moins de succès. Quelque part, quand je pense à cette semaine-là avec toutes les activités que nous avons mis en place avec seulement quelques personnes, cela relevait un peu de l'inconscience. Heureusement, la VIE nous a beaucoup aidés.

Je me réfère à ce que dit Paolo Coello, dans « l'Alchimiste » : *« Quand nous décidons de vivre notre légende personnelle, c'est l'UNIVERS ENTIER qui nous aide ».* Oui, je le confirme.

Suite à cette expérience, l'année suivante en 1988, nous avons contacté dès le printemps les responsables du Parc des Expositions pour mettre en place un projet plus conséquent. Nous avons été accueillis avec enthousiasme, au-delà de ce que nous pouvions imaginer, et nous avons obtenu :

→ Un espace de 360 m2 gratuitement, soit dix fois plus que l'année précédente.
→ La première page et les deux pages centrales d'un journal édité et distribué à 280.000 exemplaires dans les boîtes aux lettres à l'occasion du Salon de l'Habitat. L'habitat sain était devenu le thème central du Salon.
→ L'animation des conférences.
→ Un article important dans une édition de Ouest-France en dernière page et diffusé à plus de 800.000 exemplaires.

Pour l'exposition, nous avons sollicité de nouveau les sponsors qui ont accepté facilement de participer et nous ont versé au total 3.000 €. Avec cet argent nous avons monté une superbe exposition, notre stand avait des fleurs et des plantes, chacun pouvait s'y reposer. Le succès a été merveilleux avec des retombées au niveau des analyses en géobiologie, mais aussi pour les artisans et architectes présents sur l'espace.

Les articles de presse ont informé le public qui a été sensibilisé. Il est vrai que c'était le début dans le domaine de l'habitat sain.

Le plus extraordinaire a été la visite de la responsable du Parc des Expositions d'Angers qui, séduite par l'exposition, nous a demandé de participer au Salon de l'Habitat, à Angers, au début d'octobre 1989. Nous avons accepté et obtenu :

→ un espace gratuit de 360 m2,

→ un budget de 4.500 € pour la réalisation d'une coupole en terre crue,
→ que l'Habitat Sain soit le thème de l'exposition.

Dans le même temps, nous avons obtenu à Nantes, pour 1989 :

→ 900 m2 gratuit dont une partie a été réservée à des écoles où les enfants ont réalisé des constructions en « bois cordé », en bottes de paille, etc. Le tout animé par un québécois.
→ un financement de 3.000 € pour rémunérer le québécois
→ animations de conférences.

Nous n'avions rien au départ, en 1987, et TOUT NOUS A ÉTÉ DONNÉ.

OUI, LA VIE DONNE TOUJOURS BEAUCOUP QUAND ON OSE AGIR.

Nous avons eu de plus en plus d'analyses à effectuer et cela nous prenait presque un plein temps. Je pouvais vivre de cette activité et, pourtant à l'époque, peu de personnes y arrivaient.

Je me souviens d'un collègue qui avait effectué la même formation mais ne se trouvait pas dans la même situation financière. Il a vendu son magasin d'électro-ménager, Hi-Fi, etc. et a obtenu, de ce fait, un capital disponible d'environ 150.000 €. Il a voulu prendre son temps avant de mettre en place cette nouvelle profession en géobiologie. En réalité, il a commencé à l'exercer environ trois ans après la fin de la formation. Pendant ce temps-là, il avait déjà dépensé une bonne partie de son capital.

Quant à moi, je n'avais rien, pire, j'étais endetté... Et j'ai tout obtenu...

De nombreuses personnes me disent que, si elles avaient de l'argent, elles pourraient prendre telles ou telles décisions. Je réponds que c'est faux. Par expérience, même si tu n'as rien, tu peux tout faire ou commencer à faire quelque chose qui va enclencher un processus où tout ce dont tu as besoin te sera donné.

MON ÂME
M'AVAIT PRÉPARÉ
AU CHANGEMENT

MON ÂME M'AVAIT PRÉPARÉ AU CHANGEMENT

Dès 1986, lorsque j'ai commencé ma formation en géobiologie, on m'a parlé des LOIS UNIVERSELLES, des LOIS DE CAUSE A EFFET, des LOIS D'ATTRACTION et j'ai découvert la notion de synchronicité.

En effet, selon notre manière de penser et de parler, selon nos objectifs, nous attirons les personnes et les situations qui correspondent, et ceci aussi bien dans le négatif que dans le positif. Pour moi, cela a été une véritable découverte, une prise de conscience majeure.

J'ai compris que même les personnes les plus cartésiennes recevaient de leur âme des messages qui leur proposaient de s'orienter vers le meilleur. Bien sûr, quand on n'est pas ouvert à ces messages, et j'étais de ces personnes-là, on continue son chemin en fonctionnant essentiellement avec le mental.

Quelques mois après le début de la formation, j'ai commencé à analyser mon passé et à percevoir les messages que mon âme m'avait donné. Beaucoup d'informations me sont revenues. Voici quelques exemples qui pourront, peut-être, te servir dans ta démarche d'introspection :

- 1973 : les relations avec mes parents s'étaient détériorées car ils avaient de la difficulté à accueillir ma femme et à la respecter. De ce fait, en mai 1974, j'ai décidé de quitter l'exploitation pour aller travailler à l'extérieur dans une autre exploitation. Puis, en septembre, j'ai proposé à mes parents de reprendre l'exploitation et de m'y installer. Là, j'ai connu des difficultés pour m'installer. C'étaient des messages que je n'avais pas entendus.

- En 1976, est arrivée la sècheresse qui a occasionné des dépenses imprévues pour l'achat de nourriture pour les animaux. C'était le début des déficits.

- 1980 : les veaux de boucherie ont été contaminés par le virus de la salmonellose. Soixante veaux sur quatre-vingt-dix sont morts en quinze jours et j'ai très mal vécu cette perte. Peu après, lors d'une manifestation agricole, j'ai rencontré un éleveur de pigeons à qui s'était posé le même problème. Il m'a conseillé de faire venir un vétérinaire qui travaillait, à l'époque, pour les produits BIO « Lemaire-Boucher », et qui pourrait peut-être m'aider. Je l'ai contacté et il est venu assez rapidement sur l'exploitation.

Il m'a donné des produits homéopathiques pour aider les veaux restants à mieux réagir face à la maladie, tout en me disant qu'il y avait sans doute un problème au niveau du bâtiment. Il m'a appris qu'il était géobiologue et, avec son pendule et d'autres antennes, il a analysé le bâtiment. Il m'a indiqué qu'il y avait une source qui passait dans le sens de la largeur, ce qui devait provoquer des difficultés dans l'élevage. A l'endroit où il avait situé la source, j'avais en effet remarqué, qu'à chaque bande de veaux mis à engraisser, à toutes les fois deux veaux avaient des difficultés.

Son approche m'a beaucoup interpellé et je lui ai raconté que ma femme avait eu des difficultés de santé, il y a quelques semaines. En effet, elle s'est trouvée paralysée partiellement sans que personne n'en sache la raison, les analyses n'ayant trouvé aucune anomalie. Après un mois d'observation à l'hôpital tout était rentré dans l'ordre.

Ce vétérinaire-géobiologue m'a proposé de revenir et d'analyser notre habitation. Quinze jours plus tard, il a constaté une anomalie à l'endroit où Marie-Paule dormait. Il nous a alors conseillé de dormir dans une autre pièce de la maison. En réalité, cela n'a pas été simple car nous n'avions que trois chambres dont deux étaient occupées par nos fils. Il nous restait la possibilité de faire la chambre en prenant une partie de la salle à manger. Quand les travaux ont été effectués, Marie-Paule s'est sentie beaucoup mieux. Par ailleurs, le vétérinaire a placé des appareils pour neutraliser les lieux (dans notre maison et dans le bâtiment des veaux de boucherie).

Nous avons été émerveillés des résultats. Nous en avons parlé autour de nous et à nos amis qui l'ont fait venir avec beaucoup de succès. Ces résultats m'ont sensibilisé ainsi que mon voisin, Patrick. Sachant que ce vétérinaire animait des journées d'information sur la géobiologie, je m'y suis inscrit et j'ai été passionné.

Après avoir appris les rudiments de cette démarche (utilisation des baguettes), j'ai commencé à expérimenter chez des amis, là aussi avec succès. Une amitié s'est créée entre moi et ce vétérinaire.

- En 1981, nous avons été contactés par ce vétérinaire pour participer à une émission de télévision (FR3 national) sur le thème de la géobiologie, pour témoigner des résultats que nous avions obtenus. Nous avons accepté. L'émission a duré une heure environ et comme l'équipe de tournage avait enregistré des témoignages en Belgique, en Allemagne et en France, nous avons été les derniers à intervenir.

Pour cinq minutes d'émission, l'équipe de télévision est restée un jour et demi présente sur l'exploitation. Nous avons pu partager avec eux les expériences qu'ils avaient observées. Cela m'a interpellé de nouveau, mais rien ne pouvait me laisser supposer que je serais conduit à exercer ce métier.

Pour moi, maintenant, il est évident que mon ÂME m'a donné des messages que je n'ai pas compris à l'époque.

- 1982 : les difficultés financières ont augmenté de façon alarmante. Je me suis alors posé la question : « J'arrête ou je continue ». C'était un autre message que je n'ai pas entendu ni vu.

- 1983 : au lieu d'arrêter, j'ai réinvesti dans de nouvelles productions qui m'ont amené à la faillite en 1986.

Quand, en avril 1986, j'ai demandé INTÉRIEUREMENT à être guidé, c'est là qu'un matin, j'ai reçu le message très clair que je deviendrai GÉOBIOLOGUE. Mais, en réalité, mon ÂME me préparait depuis 1980.

J'ai observé que toutes les personnes ont reçu des MESSAGES de leur ÂME (et cela depuis plusieurs années), LES INVITANT A CHANGER dans un ou plusieurs DOMAINES de leur VIE, mais, comme moi, elles ne les ONT PAS VUS OU ENTENDUS.

Si tu ressens le besoin de changer dans un domaine de ta vie, je t'invite à faire ce retour en arrière pour découvrir les SITUATIONS ou les ÉVÉNEMENTS qui se sont REPRODUITS PLUSIEURS FOIS. Je t'invite à prendre le temps de noter tout cela sur une feuille de papier pour mieux retrouver ou découvrir les fils conducteurs.

OUI, TU PEUX FAIRE CONFIANCE EN TON CORPS, EN TON ÂME, EN TON CŒUR ET DANS LE DIVIN EN TOI ET TU SERAS CONDUIT DANS LA VIE MERVEILLEUSEMENT BIEN.

UNE AUTRE VOIE

INATTENDUE

S'EST PRÉSENTÉE

A MOI

UNE AUTRE VOIE INATTENDUE S'EST PRÉSENTÉE A MOI

Au début de ce livre, j'ai écrit, qu'au même moment où j'ai commencé la formation en géobiologie, j'ai découvert le pouvoir de la pensée et de la parole, ainsi que celui de la programmation du subconscient, dans les livres de Joseph MURPHY et d'autres auteurs.

J'ai mis en application et expérimenté les conseils proposés et j'ai obtenu beaucoup de succès. Ma vie a changé très rapidement et merveilleusement bien. Il est vrai que certains de mes amis ne me reconnaissaient plus dans ma manière de parler et de réagir dans la situation que je vivais. Ils étaient étonnés de me voir serein malgré ma situation financière et ma décision de changer de métier. Puis, dire du fond du cœur que j'étais très heureux dans ce que je vivais, dérangeait certains et en émerveillait d'autres.

Vers le mois de février 1987, soit environ une année après le début de ma démarche, Patrick qui, à l'époque, avec une quarantaine de personnes, suivait une formation pour devenir professeur de yoga, m'a demandé d'apporter mon témoignage de ce que je vivais. J'ai accepté. J'ai témoigné simplement devant le groupe et, à la fin, des personnes sont venues me voir en me demandant si j'accepterais de venir témoigner dans leurs villes ou communes. Là aussi, j'ai accepté en étant conscient que cela pouvait servir à d'autres personnes. Ce même soir, nous avons retenu des dates dans différents lieux.

A chaque réunion, il y avait un grand nombre de personnes (une centaine en moyenne). A la fin de ces soirées, on me demandait si j'envisageais de donner des cours, ou un enseignement, sur cette démarche. J'ai commencé par m'y opposer, car j'avais décidé d'être géobiologue. A force de me poser à chaque fois cette question, je me suis dit qu'il y avait peut-être là un message. J'ai pensé à Jean BILLON, l'astrologue, qui m'avait dit que j'aurai sans doute à enseigner ou à transmettre des choses.

J'ai alors décidé de proposer un programme de dix soirées sur des thèmes différents et sur la base de ce que j'avais compris et expérimenté dans ma vie depuis douze mois. J'ai fait imprimer un document à plusieurs milliers d'exemplaires. Puis, j'ai donné à ceux qui participaient à mes soirées le programme qui commencerait en septembre-octobre 1987, en constituant des groupes dans plusieurs villes de l'ouest de la France. J'ai prévenu les personnes intéressées que, si cela a marché pour moi, je ne savais pas ce qu'il en serait pour elles.

J'avoue que j'étais, à ce moment-là, très inquiet car je ne savais pas exactement ce que je pourrais leur enseigner, ni comment. Par ailleurs, j'étais complexé, car ayant quitté l'école à quatorze ans, j'avais des carences au niveau de l'expression de la langue française. Et puis, je me suis dit que les personnes m'accepteraient comme je suis, que je leur parlerais avec le cœur et avec des mots simples.

Au mois d'octobre 1987, cent soixante personnes s'étaient inscrites dans onze groupes. Je me suis donc organisé pour continuer les analyses en géobiologie pendant la journée pour pouvoir animer les groupes en soirée.

J'ai constaté que tout était juste puisque tout s'organisait merveilleusement bien et de façon équilibrée. Les personnes, dans les groupes, vivaient de très belles expériences qui m'émerveillaient, et j'étais heureux du bonheur qu'elles ressentaient.

Pour moi il était clair, à cette époque, que mon activité principale était la géobiologie. Dans le même temps, j'ai commencé une autre formation en Médecine Holistique avec les mêmes formateurs que pour la géobiologie, et dans les mêmes conditions de dix-huit mois. (J'en parlerai plus loin).

Progressivement, j'avais de plus en plus d'analyses à effectuer et je donnais davantage de conférences où je présentais mon témoignage.

A l'automne 1988, suite aux conférences, trois cent soixante personnes se sont inscrites dans les groupes. Il me fallait gérer mon temps avec rigueur. J'obtenais des résultats très importants et je prenais de plus en plus confiance en moi et dans ce que je transmettais aux personnes, enrichi par les expériences de l'année précédente.

Par ailleurs, dans la formation en Médecine Holistique, j'ai appris à découvrir le corps humain, les causes symboliques des maladies, comment se recharger énergétiquement, comment rester en parfaite santé, etc. Cela nous a permis, avec ma collègue, de compléter les analyses que nous faisions. De ce fait, nous avons obtenu davantage de résultats dans les habitations, mais aussi au niveau des personnes qui y habitaient.

A l'automne 1989, le succès s'est accru au niveau des groupes qui devenaient plus importants puisque cinq cents personnes y ont participé cette année-là. Les analyses croissaient en nombre et il m'était difficile de tout concilier. Evidemment, je me suis trouvé devant un choix à faire : développement personnel ou géobiologie, ou bien maintien des deux, mais en sélectionnant les inscriptions dans les groupes et au niveau de la géobiologie.

Les deux activités me passionnaient, cependant j'ai observé que lorsque nous faisions des analyses en géobiologie, si nous pouvions découvrir des anomalies dans les maisons par contre la manière de penser, de parler et de vivre était encore plus importante. La cause du mal-être des personnes venait plus d'elles-mêmes que de l'habitation. Devant ce constat, j'ai décidé de m'orienter davantage vers l'animation des groupes en développement personnel, et d'arrêter progressivement la géobiologie.

J'ai alors mis en place des formations complémentaires en Développement Personnel afin d'approfondir la démarche de base. J'ai proposé d'utiliser le yi-king qui est un art divinatoire chinois qui permet de poser des actes justes et de prendre des bonnes décisions au bon moment.

JE DÉCOUVRAIS MA VÉRITABLE VOIE... ET JE COMPRENAIS PLUSIEURS MESSAGES IMPORTANTS QUE MON ÂME ME DONNAIT.

Par ailleurs, en 1989, j'ai terminé la formation en Médecine Holistique qui a été, pour moi, un enrichissement personnel sur le plan sensitif, le développement de l'intuition, l'ouverture sur le plan spirituel et la conscience en général. De nouveau, j'ai rencontré des personnes extraordinaires, j'ai vécu de très belles expériences et entendu de beaux témoignages.

SÉMINAIRES DE « MARCHE SUR LE FEU ».

Parmi ces expériences merveilleuses, je citerais la « Marche sur le Feu ». Après une préparation mentale et physique de trente-six heures, nous avons été invités à marcher sur un tapis de braises portées à environ 800°, de cinq mètres de long, un de large et dix centimètres d'épaisseur, constitué par trois mètres cubes de chêne réduits en braises.

L'objectif de ce séminaire était de prendre conscience que les choses qui semblent impossibles rationnellement sont possibles en réalité. Dans la vie, combien de fois nous n'osons pas agir parce que nous ne croyons pas que cela soit possible. C'est pourquoi, en général, nous posons de moins en moins d'actes. Nous nous sclérosons parce que nous avons peur d'échouer.

Là, nous avons fait l'expérience dans notre corps que cela était possible pour tous. Toutes les personnes ont marché sur le tapis de braises en toute sécurité et elles ont ressenti une grande joie d'être parvenues à se surpasser.

J'ai eu l'occasion d'effectuer cette marche quelques mois plus tard et, par la suite, j'ai organisé dans ma région une quinzaine de « Marches sur le Feu » auxquelles plus de deux cents personnes ont participé

J'ai utilisé une partie des enseignements que j'ai découverts pendant ma formation en Médecine Holistique, dans le cadre des séminaires en Développement Personnel, dans le domaine de la santé et du bien-être.

MISE EN PLACE DES SÉMINAIRES « SILENCE ET PARTAGE ».

Suite à la formation en Médecine Holistique, j'ai pris conscience de l'importance de la méditation et du silence pour écouter la « voix du cœur ». Pour moi, c'est l'occasion de faire le point sur sa vie. Je compare cette démarche à une personne qui se déplace en voiture dans une région inconnue et qui s'arrête de temps à autre pour consulter sa carte routière.

Ces séminaires, d'une durée de trois jours, permettent aux personnes de « s'écouter », d'écouter leur corps et ses besoins, d'en prendre soin, et de repartir avec des engagements précis au niveau personnel, affectif, spirituel, professionnel, ou autres domaines. C'est aussi l'occasion de mieux écouter la nature, les animaux, et de développer la capacité d'observation de l'environnement. Je suis toujours émerveillé de voir les participants se transformer en trois jours, d'une manière parfois impressionnante.

Dans le silence, les personnes arrivent à mieux voir ou entendre les messages, et elles s'aperçoivent que ces messages sont nombreux. J'ai, de plus, observé que les groupes ne se constituent pas par hasard, mais qu'il y a toujours des affinités entre les personnes, des histoires communes, ce qui fait que les personnes se donnent mutuellement des messages.

Depuis quinze années, j'organise environ deux séminaires par an.

ORGANISATION DE SÉMINAIRES A L'ÉTRANGER.

Tous les deux ans, je rencontre Jean BILLON, l'astrologue, pour faire le point à travers ce que l'on appelle en astrologie

« la Révolution Solaire », et à chaque fois il me donne de nouvelles indications concernant ce que mon ÂME a choisi de vivre.

A ce sujet, il est possible que tu te dises qu'il n'y a plus de liberté si tout est prédéterminé, où est le libre-arbitre ?

Je crois profondément que notre âme a choisi, avant de s'incarner, de vivre certaines expériences nécessaires à son évolution, que ces expériences sont en accord avec le PLAN DIVIN, avec le TOUT qui est harmonie parfaite. En acceptant de vivre le plus possible en harmonie avec le choix de notre âme, donc avec le TOUT, nous pouvons vraiment connaître le BONHEUR, la PLÉNITUDE, la JOIE, la RÉUSSITE dans tous les domaines, et tout ce qu'il y a de MEILLEUR. Effectivement, nous avons aussi le choix de suivre notre mental, de nous laisser influencer par d'autres personnes, la morale, la notion de bien et de mal, de ce qui est autorisé ou interdit, et aussi par les événements, mais nous prenons le risque de connaître le mal-être, la souffrance, les difficultés en tous genres.

Oui, je suis convaincu que toutes les difficultés sont le résultat d'une dysharmonie plus ou moins importante entre ce que l'ÂME nous propose de vivre et ce que notre mental nous fait vivre. Chacun est libre de ses croyances, que je respecte totalement, mais il doit en assumer aussi les résultats. Je rappelle que nous sommes responsables à 100 % de ce qui nous arrive.

Comme écrit plus haut, je crois que l'ÂME a choisi de vivre certaines expériences et, ce qui change, c'est notre comportement face à ces expériences. Soit nous les accompagnons et tout se passe dans la douceur, soit nous nous opposons ou résistons et c'est cela qui provoque la souffrance, les difficultés et le mal-être.

J'ai pu constater la différence entre avant l'année 1986 où j'ai eu l'impression d'avoir un vent qui soufflait à cent à l'heure face à moi, et après 1986 où je me suis mis dans le vent qui soufflait à cent kilomètres à l'heure, mais pour me pousser. C'est vraiment très différent.

Pour revenir à cette rencontre avec Jean BILLON, celui-ci m'avait dit qu'il serait bon d'envisager l'organisation de séminaires à l'étranger, ceci confirmé par d'autres personnes astrologues, numérologues, etc. Pour moi, s'y opposaient mentalement plusieurs « obstacles ». Tout d'abord, je n'avais jamais été à l'étranger et ensuite je ne connaissais pas un mot d'anglais. De ce fait, je ne voyais pas comment cela pourrait se faire.

Comme à chaque fois que j'ai reçu des messages qui me semblaient à première vue impossibles, je l'ai confié à mon ÂME en disant : *« Je suis d'accord, si cela fait partie de mon « CHEMIN DE VIE », et tu me donnes concrètement les éléments dont j'ai besoin et les moyens de la réalisation ».*

En 1994, j'ai lu un livre sur SATHYA SAÏ BABA en Inde, qui m'a bouleversé et m'a donné envie de le rencontrer. J'en ai parlé autour de moi et, curieusement, plusieurs personnes en avaient entendu parler. Avec l'aide de « Nouvelle Clé », organisme qui propose des voyages à l'étranger, j'ai mis en place un circuit en Inde dont la visite à l'Ashram, chez Sathya Saï BABA. Nous sommes partis au mois de février 1995 avec trente personnes. Ce fut une rencontre merveilleuse.

Pour Sathya Saï BABA (je le compare au DAÏ-LAMA), il n'y a qu'une seule religion : celle de l'AMOUR, l'amour de soi, l'amour des autres et de tout ce qui nous entoure. J'ai eu des réponses précises à mes demandes. Il m'a permis de mieux comprendre les messages que Jésus-Christ nous a laissés dans les Evangiles. Il m'a permis de progresser dans la FOI, la véritable FOI qui se concrétise dans la matière. Pour lui, les mains qui agissent sont plus importantes que les lèvres qui prient. En cela, il rejoint Jésus quand il dit que l'on reconnaît un arbre à ses fruits et non pas aux fleurs qu'il a eu au printemps qui sont des promesses. Pour lui, les êtres humains doivent démontrer dans leur vie, concrètement, au quotidien, la véritable dimension spirituelle. Il est certain que si c'était le cas, il n'y aurait pas tant de misères et de difficultés sur terre et nous devrions vivre dans le bonheur, la beauté et le BIEN-ÊTRE.

J'y suis retourné trois autres fois depuis avec d'autres groupes. Nous y avons vécu des moments merveilleux où notre ego et notre orgueil ont été mis parfois à l'épreuve. A chaque fois, chacun a été invité à aller à l'essentiel, à vivre pleinement sa LÉGENDE PERSONNELLE dans tous les domaines. Nous étions, à ces rassemblements, environ cinq à sept mille personnes dans l'Ashram et pourtant il nous connaissait individuellement sur le plan subtil. Il se connectait véritablement à nos ÂMES.

Je ne connaissais pas un mot d'anglais et partout, tout s'est merveilleusement bien passé. Il est vrai qu'il y avait une interprète. De fait, il ressortait dans mon thème que, où que j'aille dans quelque pays sur terre, je trouverais toujours quelqu'un pour me guider.

→ En 1997, j'ai décidé d'organiser un séminaire dans le désert du Maroc et nous sommes partis à quarante participants.

→ Puis en 1998, un deuxième séminaire au Maroc.

A chaque séminaire, je vis personnellement de véritables initiations, même si je suis l'animateur. C'est comme si mon ÂME me donnait des messages de façon condensée et très précise.

Dans le premier séminaire au Maroc, j'ai eu le message d'organiser un séminaire en Egypte au Mont Sinaï et, curieusement, le tiers du groupe m'a demandé d'organiser ce séminaire. Dès le retour, j'ai contacté l'organisme qui a préparé celui du Maroc afin de réserver une date pour l'année suivante. Nous sommes partis à quarante personnes en Egypte. Ce fut de nouveau extraordinaire. Là-bas, nous avons été accueillis par un égyptien qui parlait un excellent français. J'y suis retourné cinq fois.

J'ai organisé d'autres séminaires en Mauritanie, en Tunisie, à Jérusalem, au Québec, en Italie, à l'Ile de la Réunion et, dernièrement, en Libye. A chaque fois le thème était différent ainsi que la démarche. Je ne connais toujours pas un mot d'anglais et je n'ai pas envie de l'apprendre car la VIE a tout prévu....

Ce qui est extraordinaire, c'est qu'à chaque séminaire, j'ai la joie de me rendre compte qu'en me laissant

GUIDER, tout est facile et tout se déroule impeccablement bien et dans de bonnes conditions.

EN RÉALITÉ, LA VIE EST TRÈS SIMPLE QUAND TU SUIS LA VOIE (VOIX) DU CŒUR, CAR TOUT T'EST DONNÉ.

Je te propose de te faire partager quelques expériences vécues durant ces séminaires :

SÉMINAIRE A LA RÉUNION

En 1993, il m'a été annoncé que je ferais un voyage dans une île et que je passerais à la télévision. Les années ont passé...

Des personnes qui avaient fait la formation avec moi se sont, par un concours de circonstances, installées à l'Ile de la Réunion. Je leur ai proposé de m'organiser un séminaire chez eux en soulignant que ce serait une occasion de se revoir. Ils ont été immédiatement d'accord et nous avons fixé la date du 16 août au 5 septembre 1996.

Quelque temps avant de partir, j'ai senti que j'aurai là-bas un message important. Arrivé chez les amis, Jocelyne, qui a organisé le séminaire, m'a prévenu qu'elle a obtenu un rendez-vous à la chaîne de télévision de La Réunion et que je devais m'y rendre pour un enregistrement, le lendemain après-midi 17 août. Le soir-même, l'émission était diffusée.

Une conférence était prévue le 18 août. Là, j'ai rencontré un couple qui avait de la famille proche à Châteaubriant, et c'était notre boucher ! Cela montre combien le monde est « petit » !

Puis, au début de la semaine suivante, a eu lieu le séminaire que j'animais.

Parmi les participants, il y avait Jacqueline, chanteuse connue de tous les réunionnais et qui s'est produite à l'Opéra de Paris. Elle était accompagnée du producteur de disques.

Le séminaire s'est parfaitement bien déroulé et, vers la fin, Jacqueline m'a demandé si elle pouvait me parler d'événements qui l'interpellaient. Elle m'a expliqué qu'un jour, en montant vers le Piton des Neiges, elle a entendu à mi-parcours une VOIX INTÉRIEURE qui lui parlait de CRISTAL, de TORTUES, d'ÊTRES DE LUMIÈRE, d'écouter SON CŒUR, etc...

Il lui est arrivé souvent d'avoir des flashes concernant son métier de chanteuse car elle compose elle-même ses chansons. Mais là, c'était différent, et elle était perturbée.

Arrivée chez elle, elle en a parlé à son amie qui l'a rassurée. Quelques semaines plus tard, cette amie la contacte pour l'inviter à rencontrer un homme, chercheur au C.N.R.S., qui lui-même connaissait une personne qui avait découvert une petite pyramide après la coulée de lave du volcan, en 1985. Cet objet était très particulier avec des dessins en couleurs de tortues et plusieurs symboles très importants. Elle a rencontré cet homme avec son amie et, dans les explications qu'il lui a données, elle a retrouvé les messages qu'elle avait eus quelques semaines auparavant.

Jacqueline m'a proposé de rencontrer cet homme le vendredi 29 août avec les personnes du groupe qui le souhaitaient. Lors de cette rencontre hors du commun, nous n'avons constaté aucune supercherie tellement tout semblait logique et cohérent.

Il nous a expliqué que le PITON qui représente le cœur de l'île s'appelle le PITON TORTUE qui, curieusement, n'est pas connu des réunionnais. Ce piton est entouré par une forêt vierge où aucun arbre n'a été planté ni coupé. Cette zone de l'île est, à quatre-vingt-dix pour cent du temps, couverte par des nuages très bas, donc dans un brouillard quasi permanent.

Puisque personne n'y accède, il n'y a pas de passage et cet homme a déclaré que pour le trouver c'était très difficile, mais que c'était possible si l'on était « autorisé » par ce lieu et que l'on était guidé par des oiseaux. Cela nous a paru curieux mais le groupe a décidé de s'y rendre bien que l'homme nous ait mis en garde, car il considérait que ce n'était pas la saison pour y aller.

J'avais très envie d'y aller car je savais que je recevrais là un message important. Le dimanche suivant, nous nous sommes retrouvés à treize personnes au rendez-vous. L'homme que nous avions rencontré nous avait fourni des indications très précises en nous disant qu'il y avait trois seuils à franchir : le premier, sur le plan physique, le second sur le plan énergétique et le troisième sur le plan spirituel, et qu'il était important de les franchir dans la conscience.

Avant le premier « passage », nous avons médité pour nous connecter avec le lieu. Puis, nous sommes arrivés au niveau du deuxième seuil qui est un ruisseau. L'eau qui coulait là devait symboliquement nous purifier. Nous nous sommes ensuite dirigés vers le troisième seuil représenté par un arbre très particulier. Là, commençait la partie du chemin la plus « sacrée ». Nous nous sommes alors engagés dans la forêt vierge par un temps superbe et un ciel exceptionnellement bleu pour cette région.

Sans aucun repère, nous devions suivre notre intuition. Jean-François, qui était venu une fois avec sa femme, nous a indiqué le chemin. Effectivement, tout au long du parcours, des petits oiseaux nous ont accompagnés de façon particulière.

Après une heure de marche, nous sommes arrivés au sommet du PITON TORTUE qui est en forme de cuvette circulaire de deux cents mètres de diamètre environ. Nous avions l'impression d'être dans un stade garni de gradins avec des fougères arborescentes qui créaient une ambiance étrange, comme « habitées » par des « présences ».

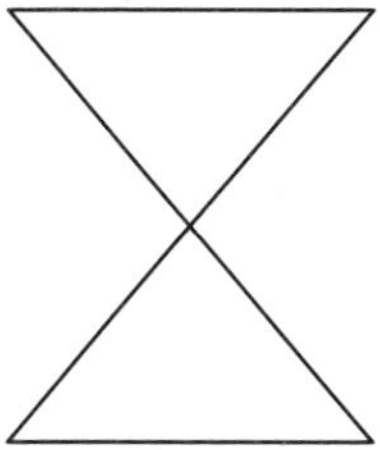

Nous avons eu le temps de méditer et j'ai reçu un message très clair : je voyais deux triangles réunis par la pointe, avec cette phrase : *« Ce qui est en haut est*

comme ce qui est en bas ». J'ai ressenti une grande paix et un grand bien-être.

De toute évidence, il y avait un lien, que je ne comprenais pas, avec l'explication de l'homme que nous avions rencontré le vendredi. C'était impressionnant, car le terrain bougeait sous nos pieds comme si nous avions sauté sur un terrain marécageux.

De retour chez moi, à Châteaubriant, j'en ai parlé à des amis. J'avais prévu d'animer un séminaire « Silence et Partage » dans un château appartenant à la Ville de Nantes, mais pour des raisons de sécurité, j'ai dû trouver un autre lieu près d'Angers et j'ai découvert une construction créée par un artiste sculpteur, nommée « l'Hélice Terrestre », construction dans laquelle des formes ont été sculptées dans le tuffeau. Là, on nous a expliqué que les formes concaves à l'intérieur se retrouvaient convexes à l'extérieur. De nouveau, cette phrase m'est revenue : « *Ce qui est en haut est comme ce qui est en bas* ».

Le séminaire avait lieu le 4 octobre qui correspond à la Saint François d'Assise (ce qui, plus tard, aura un lien avec les séminaires à ASSISE en Italie). En échangeant avec des amis sur ce que j'avais vécu, je leur ai dit qu'il manquait quelque chose d'important. Un jour, l'image très claire de cette croix m'est apparue :

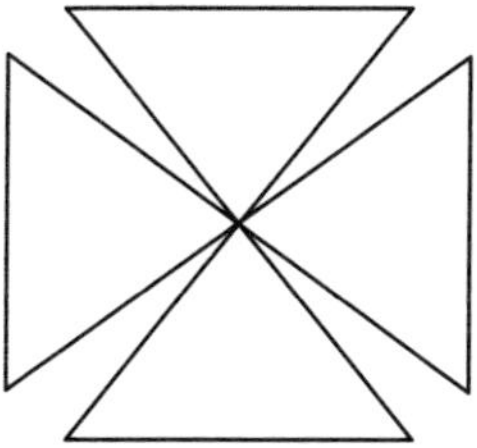

Une personne m'a indiqué que c'était la croix de Malte emblème de l'ordre des Moines Hospitaliers de Saint-Jean de Jérusalem. Quand j'ai recherché des informations, plusieurs choses m'ont parlé et interpellé, notamment les prophéties de Jean de Jérusalem qui remontent aux années 1050/1100, je crois.

Dans le même temps, certains ressentis et expériences m'ont fait penser que j'avais dû vivre à cette période-là en tant que moine. Puis, en continuant mes recherches, j'ai eu des informations selon lesquelles les Moines Hospitaliers de Saint-Jean de Jérusalem avaient hérité de certaines connaissances des égyptiens et qu'ils avaient construit des lieux (chapelles, lieux d'accueil) très particuliers, avec des messages codés. Ils possédaient une connaissance ésotérique très importante.

SÉMINAIRE EN ÉGYPTE

Dans le même temps, je préparais un séminaire en Egypte et j'avais prévu une démarche autour des pyramides et spécialement de la pyramide de CHEPHREN.

Instinctivement, j'ai senti qu'il y avait un lien entre la Croix de Malte et la pyramide de CHEPHREN et je me suis mis à dessiner intuitivement et à écrire qu'il y avait peut-être un lien avec la VIE DE JÉSUS et les douze apôtres.

Dans le schéma, en formant le carré, il y avait douze points qui, pour moi, représentaient les apôtres et celui du centre JÉSUS, et le tout représentait l'ALPHA et l'OMEGA.

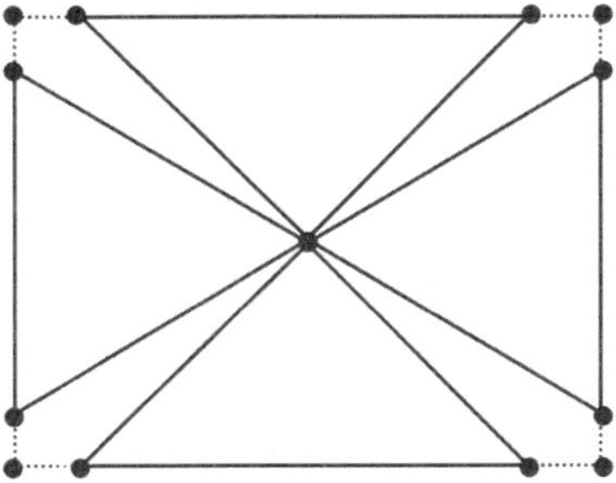

J'en ai parlé à un ami qui m'a prêté un livre « GUIZEH, au-delà des GRANDS SECRETS », édition Age du Verseau. Dans ce livre j'ai retrouvé exactement ce que j'avais dessiné et écrit. J'étais stupéfait et émerveillé. Des chercheurs avaient passé des mois à étudier les pyramides, et moi, en quelques minutes, j'avais eu accès à la synthèse.

Ce livre expliquait que la pyramide de CHEPHREN était la seule à représenter, par ses dimensions, symboliquement DIEU sur terre, l'ALPHA et l'OMEGA. En effet, tous les angles de la pyramide font, en nombre réduit, 9, et la pointe correspondant au centre représente le 1, UN, LE TOUT.

D'autres études ont prouvé que cette croix aurait été découverte entre 5000 et 3000 ans avant Jésus-Christ, et que la pyramide de CHEPHREN aurait été construite sur les bases de cette croix.

Dans les semaines qui avaient précédé mon premier voyage en Egypte, j'ai revécu une vie antérieure dans laquelle j'étais prêtre égyptien. Je me trouvais dans cette pyramide dans la grande salle avec d'autres prêtres. J'ai été enfermé dans ce qui m'a semblé être un sarcophage pendant trois jours. Autour, je crois qu'il y avait des personnes qui méditaient. L'objectif était d'entrer en contact avec des informations sur des plans subtils et de les transmettre aux Grands-Prêtres qui, eux-mêmes, les retransmettaient aux responsables égyptiens. Ce que j'ai revécu se déroulait pendant une période obscure où l'on se servait des informations beaucoup plus pour exploiter les personnes que pour les aider. Je pense que c'était pendant une période de déclin des égyptiens.

Il est surprenant que, lorsque je suis allé pour la première fois en Egypte, je me suis senti comme chez moi, dans un lieu connu. Cela ne paraît pas très rationnel mais, pour moi, ce qui compte, c'est ce que j'ai ressenti au plus profond de mon être.

Ensuite, avec le groupe de quarante personnes, nous sommes allés au Sinaï. Pendant la visite au monastère Sainte-Catherine, j'ai retrouvé la Croix de Malte. Je me suis alors intéressé à Sainte-Catherine d'Alexandrie, à son histoire et à ce qu'elle représentait. Curieusement, il y a un lien entre Isis, l'égyptienne, et Sainte-Catherine, car toutes les deux symbolisent la CONNAISSANCE au niveau de l'astronomie, de l'astrologie, de la géométrie, de la connaissance intellectuelle ou du savoir en général, mais aussi de tous les ARTS APPLIQUÉS en lien avec l'architecture, etc.

Personnellement, je pense que l'Eglise a inventé Sainte-Catherine pour remplacer ISIS.

Toutes ces recherches m'ont conduit à découvrir une chapelle en Bretagne, à

LIZIO, au nord-est de Vannes : la chapelle Sainte-Catherine. Cette chapelle est unique en Bretagne car elle est la seule à porter sur un pilier le nom d'ISIS. Cette chapelle, très simple en apparence, délivre une quantité importante de messages à travers des nombres. Pour les comprendre, il faut se procurer les livres d'Auguste COUDRAY qui a passé une bonne partie de sa vie à décoder ces nombres. Cette chapelle, avec le village, se situait sur le chemin de Compostelle et était tenue par des moines hospitaliers de Saint-Jean de Jérusalem. Autour et dans la chapelle, il y a trois circuits particuliers et très importants au niveau vibratoire et subtil.

C'est toujours cette Croix de Malte qui m'a conduit au Québec, chez les amérindiens. Elle est devenue, pour moi, le fil conducteur de ma démarche spirituelle.

En résumé (car j'aurais tellement de choses à partager avec toi que je pourrais écrire un livre spécialement sur le sujet), j'ai découvert un message important que je décompose ainsi :

- La Croix, par les triangles du haut et du bas, correspondent à un homme debout où les deux pointes des triangles se rejoignent au niveau du cœur,

et les triangles sur les côtés correspondent à l'homme debout, les bras levés.

- Symboliquement, nous recevons des énergies de la terre et du cosmos, alchimie au niveau du cœur et diffusion au niveau des bras et des mains vers l'extérieur.

- Autre symbolique : nous recevons des « énergies » ou des « informations » des quatre directions, nord, sud, ouest, est : alchimie, synthèse et DIFFUSION au niveau du cœur.

- Je crois aussi que ce sont des triangles de guérison

- Message que tout est dans le TOUT, tout ne fait qu'UN.

- → que je ne m'autorisais pas totalement à réussir dans ma vie sur le plan professionnel et financier car mes parents disaient souvent *« que c'était dur pour y arriver », « qu'il fallait travailler beaucoup pour gagner peu », « que l'argent ne fait pas le bonheur », « qu'il fallait vivre petitement et dans la discrétion »,* etc.
- → que j'ai pris conscience qu'en réalité j'étais jaloux de ceux qui réussissaient, sans vouloir me l'avouer. Or, quand nous sommes jaloux de ceux qui réussissent dans un ou plusieurs domaines, cela a pour effet de nous entraîner vers l'échec et la pauvreté. Alors, à l'inverse, plus nous sommes heureux de voir les autres réussir dans tous les domaines, plus nous réussissons nous-mêmes dans tous les domaines et, à ce moment-là, nous sommes dans les LOIS UNIVERSELLES D'ATTRACTION.

Suite à ces prises de conscience, je me suis pardonné d'avoir critiqué souvent mes parents. Je me suis pardonné d'avoir critiqué les personnes qui ont réussi et qui sont toujours prospères.

Non seulement je me suis pardonné d'avoir eu des pensées, des attitudes ou des jugements négatifs, mais je me suis mis à les remercier de m'avoir montré le chemin de la réussite professionnelle et financière. J'ai remercié la VIE pour l'ABONDANCE QU'ELLE PROPOSE A TOUS SANS EXCEPTION, QU'ELLE ME PROPOSAIT.

Toutes ces prises de conscience, ces démarches de pardon, ont permis la RÉSOLUTION DE MA SITUATION FINANCIÈRE, car dans le même temps, JE M'OUVRAIS A L'ABONDANCE DIVINE, à la BANQUE UNIVERSELLE.

Je prenais conscience que c'était moi qui m'étais fermé à cette abondance par la non compréhension des Lois de la Vie et que, maintenant, les « portes » étaient ouvertes. Il en est ainsi depuis 1986.

CE QUI ÉTAIT UNE DIFFICULTÉ EST DEVENU, PAR LES PRISES DE CONSCIENCE, L'ACCEPTATION DU CHANGEMENT, MES TRÉSORS, MES « OUTILS » POUR MA NOUVELLE PROFESSION.

Toutes ces démarches m'ont fait comprendre que j'avais bien choisi mes parents, que mon ÂME savait ce que j'avais à expérimenter avec eux et que, ce que j'ai considéré comme des difficultés sont devenus mes « outils », mes TRÉSORS. C'est cette compréhension globale que j'ai été amené, que je suis amené à partager entre autres avec les personnes dans les formations.

C'est du concret, du vécu, et c'est aussi pour cela que je m'efforce d'aider les personnes et que celles-ci me font confiance.

COMMENT DES LIMITATIONS DEVIENNENT DES AVANTAGES

Je suis allé à l'école jusqu'à quatorze ans et j'ai commencé à travailler sur l'exploitation de mes parents tout en suivant des cours par correspondance. Situé dans la moyenne au niveau du français (écrit et parler), je me sentais un peu complexé par rapport à d'autres jeunes que je rencontrais, puis ensuite dans mes responsabilités professionnelles et amicales.

Lorsque j'ai changé d'orientation en 1986, et que j'ai commencé à témoigner et surtout à animer des soirées, j'ai appréhendé car je savais que je rencontrerais dans les groupes des personnes plus « instruites », avec des connaissances bien supérieures aux miennes. Je me suis exprimé simplement, avec mon langage, et avec le cœur, par des phrases simples dans lesquelles les conjugaisons n'étaient peut-être pas adaptées.

J'ai observé que c'était un élément que les personnes, qui participaient dans les groupes, appréciaient car mon langage était simple et compréhensible par tous. De nouveau, ce qui me paraissait un handicap devenait un « outil », une force.

Dans mon thème astrologique, il ressortait que je devais enseigner, non pas des choses théoriques et livresques, mais du concret et des choses que j'avais vécues, ou bien de témoigner de ce que d'autres personnes avaient vécu.

J'ai pris conscience de la manière dont mon ÂME avait tout prévu, en me permettant également très tôt dans la vie, de m'engager dans l'animation (à l'âge de quinze ans dans le M.R.J.C.). Tout d'abord, au niveau local, puis du canton, de la région et du département, pour le syndicalisme.

Quand j'étais jeune, mais aussi dans le syndicalisme, j'avais toujours des idées innovantes, ce qui m'a permis, en tant que responsable syndical, de rencontrer des personnes à la Caisse Régionale du Crédit Agricole, à la Chambre d'Agriculture, mais aussi au Ministère de l'Agriculture et au Ministère des Finances à Paris.

Jeune syndicaliste, j'étais très à gauche politiquement, et très critique envers les responsables politiquement à droite. Mais, là aussi, une évolution s'est effectuée au fil des années.

En 1982, j'avais proposé à mes collègues agriculteurs de créer une association au niveau départemental sur le thème « VIVRE ET TRAVAILLER AU PAYS », dont les objectifs étaient de maintenir une vie rurale harmonieuse et équilibrée. En effet, à cette époque, on assistait à un début de désertification de la campagne. De nombreux jeunes partaient pour la ville pour vivre une vie meilleure....

Pour maintenir une vie équilibrée et harmonieuse, et conserver l'emploi, cela supposait de permettre aux jeunes agriculteurs de s'installer dans de bonnes conditions, de conserver des services (écoles, Poste, commerces, artisans, etc.). Pour moi, tous les acteurs de la vie rurale étaient concernés, à commencer par les élus locaux et départementaux.

Avec les collègues, au niveau de l'équipe départementale, nous avons commencé à réfléchir sur des propositions concrètes et réalisables. Nous avons eu des contacts avec une commune de six cents habitants des Deux-Sèvres dans laquelle la municipalité avait réalisé des choses exemplaires en créant plus de cinquante emplois dans les services et diverses activités.

J'ai proposé d'organiser un déplacement en car dans cette commune et d'inviter des élus du département qui étaient à l'époque essentiellement politiquement à droite.

Il y a eu, au départ, de très fortes réticences parce que nous étions à gauche et que la majorité des collègues pensait que les élus de droite ne viendraient pas. D'autre part, mes collègues ne souhaitaient pas que nos idées soient « récupérées » par la droite.

Pour moi, c'était clair, peu importait si nos idées étaient « récupérées » et « réalisées » par des élus de droite. Ce qui me semblait important, c'étaient les avantages que les habitants auraient et le bien-être pour tous.

En réalité, il y a eu quatre-vingt-dix élus qui ont participé à cette journée qui a débouché, par la suite, sur des actions concrètes pour le bénéfice de tous.

Je considère que c'était le début de la réconciliation avec toutes les personnes quelle que soit leur appartenance politique, religieuse ou autre. Mais aussi la préparation à ma nouvelle activité pour transmettre l'importance du respect de la différence, de la tolérance, et de voir en chaque personne le meilleur.

DEPUIS MON ENFANCE, MON ÂME M'A PRÉPARÉ A TRAVERS DES MILLIERS DE DÉTAILS, DES MILLIERS D'EXPÉRIENCES, A ÊTRE CE QUE JE SUIS AUJOURD'HUI, ET TOUT ÉTAIT JUSTE.

Cela, même si je l'ai vécu parfois avec de la souffrance. Ces difficultés étaient le fait de ma non compréhension des messages qui m'étaient donnés.

Oui, ce qui m'a dérangé le plus, ce que j'ai rejeté avec puissance, sont devenus mes « outils », mes TRÉSORS. Et il en est ainsi pour tout et pour tous.

DÉCOUVERTE

DE MON

PLUS GRAND TRÉSOR

DÉCOUVERTE DE MON PLUS GRAND TRÉSOR

Aujourd'hui, mon plus grand TRÉSOR, c'est d'avoir découvert le DIVIN EN MOI.

Là aussi, je suis convaincu d'avoir vécu des vies antérieures où j'ai été prêtre égyptien, où j'ai été moine plusieurs fois à différentes époques, avec des vécus plus ou moins agréables. (J'en parlerai davantage dans un livre que j'écrirai sur ce sujet).

C'est pour cela que j'ai choisi une famille de religion catholique. Mes parents étaient pratiquants et se conformaient aux « règles » et « contraintes » de l'église catholique. Comme eux, j'ai suivi le « mouvement ». J'ai été à l'école catholique où l'enseignement était donné, pour une grande partie, par des Frères.

J'ai gardé de cette période le bon souvenir d'un Frère qui s'appelait Frère Séraphin. Pour nous inculquer l'enseignement religieux, il avait l'art et la manière d'en parler sous forme de conte et d'histoire. Je serais resté des heures à l'écouter tellement il était passionnant et passionné pour cette matière. Il m'a permis d'intégrer pratiquement tous les Evangiles de Jésus et d'aimer du fond du cœur Jésus qui est devenu mon « idole », ma référence.

Durant mon adolescence, à l'intérieur du Mouvement Rural de la Jeunesse Catholique, JÉSUS a continué à être ma référence avec toutefois un décalage par rapport à la structure Eglise où je sentais beaucoup d'incohérences entre ce qui était dit et ce qui était vécu.

Je voyais JÉSUS comme étant un révolutionnaire en son temps, et que s'il revenait, Il remettrait sans aucun doute une grande quantité de choses en cause dans la structure Eglise.

Il n'y avait qu'une seule photo dans ma chambre, celle de JÉSUS, alors que tous mes copains agrafaient des posters de chanteurs ou chanteuses. Cela pouvait paraître ringard, mais cela n'avait pas d'importance pour moi. Il m'arrivait parfois, quand l'occasion se présentait de quitter l'exploitation pour une journée, d'aller me recueillir dans une église quelques minutes.

Après les événements de mai 1968, mon engagement syndical m'a amené progressivement à m'écarter de la structure « Eglise » car j'ai encore plus pris conscience des incohérences que j'y décelais. Mais je n'ai jamais rejeté JÉSUS, IL est toujours resté mon référent et Son enseignement une guidance, par contre je n'en parlais plus autour de moi, ou très rarement.

En 1986, en lisant les livres de Joseph MURPHY, j'ai redécouvert DIEU qui n'était pas à l'extérieur de moi, mais bien présent en moi. Puis, j'ai lu des livres d'autres auteurs, Emmet FOX, Elleen CADDY, etc., qui proposaient tous des approches légèrement différentes mais complémentaires.

En découvrant les LOIS UNIVERSELLES, j'ai compris le véritable sens des Evangiles que Jésus nous a transmis. A sa façon, JÉSUS avait parlé du pouvoir de la pensée, de la parole et des actes. IL parlait uniquement de bonheur, de joie, d'abondance, d'amour, de paix, etc., et donnait aussi le « mode d'emploi » pour connaître ce bonheur.

Depuis 1986, JÉSUS est devenu mon CONSEILLER, mon PARTENAIRE et mon GUIDE. DIEU EST MON « ASSOCIÉ ».

Aujourd'hui, JÉSUS et DIEU ne font qu'UN pour moi. C'est le TOUT et je suis une partie du TOUT, et je sais que je peux bénéficier du TOUT qui est AMOUR, JOIE, PAIX, DOUCEUR, EXCELLENCE, ABONDANCE, CRÉATION, etc.

En 1986 et pendant quelques années, j'ai demandé à DIEU de m'accompagner, de m'aider à réaliser ma volonté, mes désirs. Rapidement, j'ai compris que ce n'est pas comme cela que ça marche. DIEU n'est pas à mon service, c'est l'inverse.

Alors, je me suis ENGAGÉ à mettre ma VIE à SON SERVICE, à mettre tout mon corps au service de la VIE pour mon bien et le bien de tous.

Je sais que c'est en étant au service de la VIE, et non l'inverse, que je peux connaître le vrai bonheur, car le projet de mon ÂME correspond au projet du DIVIN.

Je suis venu sur terre, comme nous tous, pour continuer l'œuvre du TOUT. C'est vraiment à partir de cet engagement que tout est devenu facile et agréable, m'apportant une grande JOIE et surtout une GRANDE PLÉNITUDE INTÉRIEURE que rien ni personne ne pourra m'enlever.

Pour moi, chaque jour est devenu une méditation permanente, un bonheur de vivre l'instant présent, le plus possible dans la conscience.

Dans le même temps, je sais que je suis sur le chemin et que je vais progresser et découvrir beaucoup d'autres merveilles car je sais maintenant que la vie peut être un émerveillement permanent.

OUI, JE SAIS QUE JE SUIS AIMÉ DE LA VIE, DE DIEU, ET QUE JE PEUX M'ABANDONNER COMPLÈTEMENT ET ME LAISSER GUIDER SUR LE CHEMIN POUR VIVRE TOTALEMENT MA LÉGENDE PERSONNELLE.

J'ai découvert que ma relation à DIEU n'était pas une croyance, ni une théorie, ni une philosophie, mais une RÉALITÉ TANGIBLE ; que DIEU, pour moi, était omniprésent, agissant dans tous les détails de la vie, qu'Il était à l'origine des synchronicités, qu'Il me conduisait pas à pas pour que je puisse vivre les expériences nécessaires à mon évolution, comme une « chasse au trésor » où un élément conduit à un autre et ceci sans fin, avec un émerveillement de plus en plus intense chaque jour.

Je pourrais citer des centaines d'exemples concernant les manifestations de DIEU dans ma vie depuis 1986, autant sur des plans physiques que sur des plans plus subtils. Toutes ces expériences concrètes, vécues dans ma vie, mais aussi les témoignages que m'ont donnés des personnes ayant participé à mes groupes, me permettent de les transmettre aux autres.

Je crois, du fond du cœur, que chacun peut VIVRE « le Paradis sur terre » s'il accepte de se laisser conduire par la VIE, le DIVIN ou DIEU et que, de ce fait, le monde serait très différent. On peut vivre dans un monde harmonieux et paisible où chacun pourrait s'épanouir totalement.

Je rappelle **un point important :** je parle de JÉSUS, de DIEU, mais d'autres personnes vont parler de la VIE, de l'UNIVERS, du TOUT, etc., peu importe car c'est la même chose, et il est essentiel de te respecter dans tes croyances.

Autre point important : le TOUT peut s'exprimer par l'intermédiaire de personnes que tu rencontres, que tu as connues, mais aussi par la nature, etc., SES possibilités sont infinies.

OUI, QUAND UNE PERSONNE S'ENGAGE A VIVRE TOTALEMENT SA LÉGENDE PERSONNELLE, C'EST L'UNIVERS ENTIER QUI CONTRIBUE A SA RÉALISATION.

COMMENT DÉCOUVRIR

TES TRÉSORS

dans

les événements

de ta vie ?

<u>COMMENT DÉCOUVRIR</u>

<u>TES TRÉSORS</u>

<u>dans les événements de ta vie ?</u>

➔ ***EN T'ENGAGEANT SINCÈREMENT A VIVRE TOTALEMENT TA MISSION OU TA LÉGENDE PERSONNELLE.***

J'affirme que si tu t'engages vraiment à vivre en totalité, et non partiellement, ta Légende Personnelle, les « Portes » s'ouvriront pour toi. Ton âme te guidera pas à pas pour que tu puisses te « RÉALISER TOTALEMENT » dans la DOUCEUR et l'HARMONIE.

Par le biais des synchronicités, tu rencontreras les personnes au bon moment pour te donner des messages précis. A cet instant-là, prends soin de noter ces messages. Si ces messages t'invitent à téléphoner, à rencontrer une personne ou à poser un acte, fais-le dans les plus brefs délais et sois attentif à ce qui se passera dans la minute, les heures ou les jours à venir.

Je vais te citer l'exemple d'un homme qui, dans le moment où j'ai écrit ce livre, participait à l'un de mes groupes et qui a témoigné de ce qui lui arrivait de merveilleux. Voici ce témoignage transcrit le plus fidèlement possible :

Cet homme est venu me voir au début de l'année 2005 en consultation individuelle. Il m'a expliqué qu'il avait envie de changer de profession car, étant chef cuisinier dans un restaurant, il travaillait durant de nombreuses heures, disposait rarement de week-end et travaillait tard le soir, si bien qu'il n'avait plus de vie de famille.

En numérologie, j'ai vu qu'il avait une MISSION DE VIE 5, ce qui représente entre autre la liberté, le mouvement et le besoin de changement. Par ailleurs, il commençait un nouveau cycle de neuf ans, donc en année personnelle 1. Quand on est dans une année personnelle 1, on peut faire des projets à long terme et ambitieux. Je lui ai dit que, s'il le souhaitait, cette année pourrait être une année de changement dans tous les domaines de sa vie, sa femme se trouvant également dans une année personnelle très favorable. J'ai ajouté qu'il pouvait même changer de métier s'il le désirait. Après lui avoir demandé ce qui l'attirait, il m'a parlé de son penchant pour les chevaux et qu'il se verrait bien dans une activité autour des chevaux, mais qu'il ne voyait pas comment cela lui serait possible. Je lui ai alors conseillé de participer à la formation *« ÊTRE ACTEUR DANS SA VIE »* qui débutait en mars 2005, afin de mieux définir ses projets et de les mener à bien.

Il a commencé par imaginer qu'il pouvait quitter le travail de cuisinier et devenir vendeur de vaisselle de luxe pour la restauration puis, pendant ses temps libres, faire du cheval ou trouver une activité complémentaire dans ce domaine. Après avoir contacté des marchands de vaisselle pour se proposer comme vendeur, il lui a été donné des fins de non recevoir car toutes les places étaient prises.

Parallèlement, sa femme constatant un grand changement dans le comportement de son mari, a décidé également de faire la démarche avec moi, mais dans un autre groupe.

Comme j'invite les personnes, dès le départ, à être attentives à ce qu'elles ressentent dans leur corps, dans leur vie, elle a pris rapidement conscience qu'elle n'était pas bien dans sa maison et qu'elle avait envie d'en partir. Jusqu'alors, elle n'avait pas osé quitter cette maison car celle-ci avait appartenu à sa maman qui, pensait-elle, se serait vexée si elle l'avait vendue.

Elle a osé suivre la voix de son cœur et a parlé à sa maman, en lui disant qu'elle voulait vendre la maison et partir à cent cinquante kilomètres de là, vers la ville d'Amiens. Surprise ! Sa maman lui a donné raison et lui a souhaité que tout se passe bien.

En accord avec son mari, ils ont mis la maison en vente après l'avoir fait estimer par une agence. Avec l'aide d'autres personnes du groupe, ils ont recherché avec des « outils » (que je transmets dans les groupes) si le prix demandé était le bon. Suite à cette démarche, il est ressorti qu'il fallait vendre la maison 40.000 € de plus que l'estimation de l'agence. Curieusement, dans les jours qui ont suivi, la maison a été vendue.

Ils ont demandé intérieurement à être guidés pour trouver une maison dans la région qu'ils souhaitaient, en sachant qu'ils avaient peu de temps pour chercher. Ils avaient décrit assez précisément ce qu'ils voulaient, un genre de bâtiment d'exploitation avec une longère pour en faire des chambres d'hôtes ou des gîtes, avec une salle pour les animations.

Après avoir cherché (sur Internet, je crois), ils ont sélectionné deux adresses. L'une d'elles correspondait exactement à ce qu'ils désiraient et l'achat a été conclu rapidement.

En réalité, tout a été très vite et facilement. Fin septembre ou début octobre, le mari n'avait pas trouvé au niveau professionnel ce qu'il souhaitait. Il est vrai que je lui avais dit qu'il était important qu'il trouve sa voie avant la fin de l'année 2005. Il m'avait répondu qu'il mettait tout en œuvre pour trouver, soutenu et guidé par des personnes du groupe.

Un jour, il s'est rappelé qu'il avait rencontré un homme, deux ans plus tôt, de la région d'Amiens, passionné par les chevaux et responsable d'un Centre Equestre. Par un concours de circonstances, que j'appelle les synchronicités, il a retrouvé le numéro de téléphone de cet homme et il l'a appelé, s'est présenté et lui a parlé de sa situation. Celui-ci lui a appris qu'il y avait, au Centre Equestre, un restaurant haut de gamme à la recherche d'un chef cuisinier. Il l'a invité à le rencontrer.

Lors du rendez-vous fixé peu après, il lui a proposé de prendre la responsabilité du restaurant dans des conditions intéressantes, à savoir : il aurait un week-end sur deux de disponible et toutes ses soirées, pour un salaire de 2000 € par mois au lieu des 2200 € qu'il avait précédemment. Seulement les conditions n'étaient pas les mêmes.

Par la fenêtre de la cuisine, il pourrait voir les chevaux évoluer dans le hangar ou le manège. Son souhait étant d'apprendre à conduire des attelages, justement ce centre était spécialisé dans la conduite d'attelages et le directeur lui a proposé de la lui apprendre gratuitement. Probablement que pendant ses temps libres, il pourrait participer aux concours d'attelages.

Son rêve s'est réalisé au-delà de ce qu'il pouvait imaginer. Cerise sur le gâteau, sa femme qui anime des journées ou week-ends de danse, cherchait une salle dans le secteur. Le directeur du centre équestre lui a raconté que sa fille animait autrefois, elle-aussi, des cours de danse et qu'une salle spécialement aménagée était à sa disposition quand elle le voudrait.

Voilà le résultat quand on se laisse guider par la VIE et que l'on écoute son ÂME. Ce sont des centaines de témoignages comme celui-ci que je pourrais citer.

OUI,
C'EST LA MAGIE DE LA VIE,
OÙ L'ÂME AGIT....

Oui, je me répète en disant : si **tu t'engages totalement à vivre ta légende personnelle,** tu seras vraiment guidé pas à pas par ton ÂME qui connaît **parfaitement** le chemin, car elle est reliée au TOUT.

→ EN ACCUEILLANT TON PASSÉ ET EN L'ACCEPTANT INCONDITIONNELLEMENT.

Quelles que soient tes croyances, que tu crois ou non dans la réincarnation, ce qui est important et essentiel c'est d'**accepter ton passé avec ses aspects positifs et ses aspects négatifs. Si tu veux vraiment découvrir tes trésors, cette démarche est incontournable.**

La deuxième étape, aussi importante que la première, **c'est de remercier tes parents de t'avoir donné la vie et de**

les remercier pour ce qu'ils t'ont fait vivre d'agréable ou de désagréable.

La troisième étape consiste **à « bénir » ton passé,** c'est-à-dire être dans la conscience, non pas au niveau mental, mais **au niveau du cœur,** que ce que tu as vécu était juste et nécessaire à ton évolution.

Je sais que cela peut te paraître difficile, voire inacceptable, et je peux te comprendre, mais sache que c'est ton mental qui résiste et qui n'accepte pas, et c'est pour cela que tu peux souffrir.

En demandant à ton âme qui, elle, sait que c'était juste et choisi, de t'aider à l'accepter dans la douceur, tu observeras que l'acceptation devient possible et il n'y aura plus de souffrance. Alors, tu verras que ce qui t'a handicapé ou fait souffrir deviendra un ATOUT pour TOI.

Je rappelle que la souffrance au sujet du passé est toujours le résultat de la non compréhension, de la non acceptation de ce passé, mais aussi de la résistance que tu opposes à la transformation proposée par ton âme. A chaque fois, tu as le choix : ou de souffrir en t'opposant, ou de te libérer et de connaître le bonheur en acceptant la transformation. Mais les conséquences ne sont pas les mêmes.

Je rappelle également que la non acceptation du passé t'empêche, non seulement de découvrir tes vrais trésors, mais encore de connaître le vrai bonheur et de réussir pleinement ta vie.

➔ *EN RECHERCHANT DANS TON VÉCU TES TRÉSORS, TES ATOUTS.*

Je t'invite à prendre le temps d'écrire comment tu as perçu ton papa et ta maman au niveau personnel, affectif, professionnel, financier, matériel, mais aussi au niveau spirituel. Tu pourras, en

effet, en tirer des leçons et des indications soit par rapport aux vies antérieures (si tu y crois), mais aussi pour t'indiquer le chemin de la MISSION. Ecris ce qui t'a fait souffrir ou ce qui t'a gêné ou dérangé, en essayant de rechercher quels étaient les messages proposés.

J'assimile les événements du passé qui m'ont perturbé et dérangé à une poignée de châtaignes ou de marrons. Quand ils sont encore dans leur enveloppe, ils sont piquants et désagréables à toucher. La bogue qui protège la châtaigne ou le marron correspond aux apparences qui peuvent être illusoires. En enlevant cette enveloppe, on découvre le fruit, la peau est douce et il est agréable de le toucher. Il en est de même pour les événements du passé : quand nous savons les regarder positivement et que nous demandons à notre âme de nous montrer le côté positif, ce côté positif apparaît.

OUI, CE QUI ÉTAIT UN OBSTACLE, UN HANDICAP, DEVIENT UN ATOUT, DEVIENT UN « OUTIL », DEVIENT UN TRÉSOR.

C'est en échangeant avec d'autres personnes sur ce passé que celles-ci te révèlent le côté positif des événements que tu as vécus.

Je t'invite aussi à être très attentif aux témoignages qui sont donnés, aux conférences, émissions de télévision, etc., car, très souvent, ils te permettront de découvrir le sens de ton vécu. Alors, prends bien soin de noter ces messages, car en réalité tu peux en recevoir tous les jours dans une suite logique. Ce sont les synchronicités proposées par ton âme.

➔ ***EN RECHERCHANT TA MISSION SUR CETTE TERRE.***

Chaque personne a une MISSION UNIQUE à RÉALISER SUR TERRE, qui englobe tous les aspects de la vie.

Pour découvrir ta Mission, je t'invite à relire mon livre « *S'AIMER POUR MIEUX AIMER* » au chapitre : « *T'aimer, c'est vivre ta Légende personnelle* », pages 192 à 220. Voici des extraits de ce chapitre :

*Prends le temps d'***écrire***, depuis ton enfance, les points suivants :*

Paulo COELHO note que tout ÊTRE HUMAIN sait dans son enfance quelle est sa MISSION ESSENTIELLE. Je crois qu'il a raison et pour cela, je t'invite à te rappeler l'idée ou l'image forte qui t'a frappé quand tu avais entre sept et dix ans et qui s'est maintenue pendant plusieurs mois.

Je te parlerai de ce que j'ai vécu à l'époque de mes sept à dix ans. Quand j'allais à l'école, je voyais au loin une tour rectangulaire et je me disais : « Quand je serai grand, j'irai voir ce que c'est et je dirai aux autres personnes ce que j'ai vu ». Cette vision est revenue des centaines de fois à mon ESPRIT et, vers onze ans, j'en ai parlé à mes parents qui m'ont indiqué que j'avais vu tout simplement le clocher d'une commune voisine. J'ai été fort déçu. Bien des années ont passé et, en parlant de ce souvenir à des amis, l'un d'eux m'a fait remarquer que cette vision avait un lien avec ma démarche. En effet, ce que j'apporte aux personnes dans mon métier d'animateur se rapproche symboliquement d'une forme de « prêtrise » en corrélation avec ma démarche basée sur l'AMOUR.

Puis, essaie de te rappeler les jeux qui t'étaient personnels. Là aussi, je peux citer mon exemple.

Nous nous amusions avec les autres enfants du village et singulièrement chacun avait une particularité. Je revois cette fille qui jouait à nous faire l'école et qui, adulte, est devenue enseignante et moi, quand nous mimions les mariages qui prenais la place du prêtre…

Il est intéressant que tu écrives ce que tu aurais aimé faire comme métier quand tu avais entre quatorze et vingt ans.

Ecris ce qui t'a toujours passionné depuis vingt ans jusqu'à aujourd'hui en sachant que tu peux avoir plusieurs passions. C'est ce que j'appelle le « fil conducteur ».

Note aujourd'hui ce que tu aimerais exercer comme métier ou quel projet créateur tu pourrais réaliser et cela ***sans tenir compte*** *de ton âge, de ton savoir intellectuel, de ce que les autres en pensent, ni de l'état de ton compte en banque, etc.*

OSE l'écrire, OSE RÊVER TA VIE, TES PROJETS. IMAGINE qu'une FÉE va passer dans une quinzaine de jours et qu'elle réalisera tes VŒUX, que lui demanderais-tu ?

Eléments à ajouter : ce sont les activités que tu aimes qui t'apportent du bonheur et de la JOIE.

Prends en compte également ce que tu as REJETÉ en FORCE à un moment de ta vie. En ce qui me concerne, je fréquentais très peu les enseignants dans ma jeunesse car je n'en conservais pas que des bons souvenirs. Enfant et même plus tard, j'étais complexé vis-à-vis d'eux. Aujourd'hui, le métier que j'exerce est une forme d'enseignement. Ce que nous rejetons le plus a toujours un lien avec notre Mission.

Un autre point à prendre en compte est ce que tu as vécu dans ton enfance et qui a pu être douloureux ou heureux et qui t'a « ***marqué*** *». Je citerai l'exemple d'une amie qui est aujourd'hui conseillère en « IMAGE DE SOI ». Son travail consiste à aider les personnes à choisir des vêtements avec la couleur qui leur correspond, à donner des conseils au* *niveau de la coiffure, du maquillage, des accessoires, etc. avec beaucoup de succès et de résultats.*

Comme la plupart d'entre nous, elle a commencé son activité professionnelle par un métier qu'elle a aimé mais qui ne correspondait pas au projet de son ÂME (elle était comptable). En commençant une démarche en développement personnel, elle a décidé de changer de métier et, progressivement, en passant par un poste de secrétaire, elle a trouvé un emploi dans un magasin de vêtements féminins, ce qui l'a amenée à s'installer en profession libérale.

L'origine de ce métier remonte à son adolescence quand, prenant le car qui la conduisait à son école, elle accompagnait son père qui travaillait aux Chantiers de l'Atlantique. A cette époque (quarante ans en arrière), les hommes gardaient souvent leurs vêtements de travail pour exercer leur métier et pour se déplacer.

Son père était de ceux-là et ses vêtements portaient l'odeur de la transpiration. Elle avait honte de sa présence et de ce que ses copines penseraient. Elle me disait que cela avait une telle importance pour elle que, pour choisir un compagnon, elle tenait compte de l'odeur « subtile » qu'il « dégageait ».

Tu vois comment cette gêne, voire cette honte, est devenue un atout plus tard. Et je disais à cette femme qu'elle pouvait remercier intérieurement son père qui, sans le savoir, lui avait montré le chemin.

Autre point important : Si tu n'es pas en harmonie dans ton activité professionnelle et cela depuis plusieurs mois ou des années, observe et prends conscience des indications qui t'ont été données depuis un certain temps. En effet, ton corps, à travers des événements précis et concrets, t'a déjà envoyé des messages. Ce sont des situations qui se répètent dans les mêmes domaines en rapport direct avec ta nouvelle ACTIVITÉ.

Cela s'est passé ainsi pour moi avec la géobiologie pour laquelle j'avais été préparé plusieurs années auparavant.

➔ *EN RENCONTRANT DES PERSONNES QUI PEUVENT TE CONSEILLER.*

Après avoir effectué ces démarches, je te conseille de rencontrer un bon astrologue, un bon numérologue, ou une personne ayant d'autres compétences, qui t'aideront à faire la synthèse de tes recherches et te permettront de découvrir l'axe essentiel de ta MISSION. Je crois qu'il est bien de consulter une fois par an cette personne en qui tu as confiance, ou tous les deux ans suivant ton ressenti.

Personnellement, je consulte Jean BILLON tous les deux ans et cette rencontre me paraît nécessaire pour plusieurs raisons. Notre ÂME est très intelligente car elle connaît nos peurs, nos résistances, nos manques de confiance, etc. C'est comme si, à chaque fois, elle me donnait les informations que je suis capable d'entendre et d'accepter. Il est vrai que si mon ÂME, par l'intermédiaire de l'astrologue, m'avait dit tout ce que je sais aujourd'hui et ce que je suis devenu, je n'aurais pas pu y croire et je pense que j'aurais eu peur et que je serais parti travailler en usine...

Combien de fois je me suis demandé, après avoir rencontré Jean, comment allaient se réaliser ses dires. Et bien, au fil des mois, tout se met en place effectivement. Je peux affirmer aujourd'hui que tout ce qu'il m'a dit depuis 1986 s'est mis en place.

Bien sûr, je tiens à préciser que si tout s'est réalisé c'est parce que j'ai agi en conséquence. En effet, tu peux aller voir le meilleur des astrologues ou numérologues ou autres personnes, qui vont te donner des conseils importants, mais si tu n'agis pas, il ne se passera rien. Si tu agis partiellement, en ne faisant que ce qui arrange ton mental, là aussi tu n'obtiendra pas les résultats escomptés.

Je te conseille, avant de rencontrer une de ces personnes, de te préparer intérieurement en demandant à ton âme de s'exprimer à travers cette personne de façon claire et précise. La qualité de la rencontre dépend directement de ta préparation. A l'extrême, je dirais que même si la personne que tu rencontres n'est pas très compétente, du fait que tu demandes à ton âme de te guider clairement à travers elle, il en sera ainsi.

Si tu n'as pas d'adresse d'astrologue, de numérologue, ou autres conseillers, je t'invite à demander dans les librairies ésotériques qui, en général, connaissent des personnes sérieuses. Je crois que Jean BILLON consulte par téléphone (voir son adresse à la fin de ce livre).

→ *EN LISANT DES LIVRES.*

Pour découvrir tes possibilités, mieux connaître ta MISSION, je te conseille trois livres :

- « LA NUMÉROLOGIE CRÉATIVE » de Colette LE FLOCH, aux Editions DANGLES (adresse personnelle en fin de ce livre si tu souhaites la consulter).

- « VOTRE CHEMIN DE VIE » de DAN MILLMAN.

- « L'ALCHIMISTE » de Paolo COELLO.

Bien sûr, il existe bien d'autres livres qui t'aideront à trouver ton chemin.

→ *EN PARTICIPANT A DES SÉMINAIRES D'INFORMATION OU A DES FORMATIONS.*

Si tu en as le désir sincère et que tu t'engages à vivre ta LÉGENDE PERSON-

NELLE, ton ÂME te conduira à des week-end d'initiation où tu pourras découvrir de nouvelles passions, de nouvelles orientations possibles. Laisse-toi guider par ton intuition, par ton cœur, et à chaque fois demande à ton ÂME de te RÉVÉLER ce qui est essentiel.

En effet, tu peux participer à un stage et t'apercevoir que c'est quelque chose qui ne te correspond pas, auquel cas tu mettras ton énergie dans une autre direction. Mais peut-être au cours de ce stage, une personne pourra te donner une information concernant une autre voie possible. Donc, sois toujours attentif !

Tu peux être amené à participer à une formation plus importante et, si cela correspond au projet de ton ÂME, tout se déroulera merveilleusement bien à tous les niveaux, et tu sauras que c'est juste. Quand c'est juste, ces formations te donnent des résultats concrets immédiats et dans l'harmonie.

Je t'invite à être dans le discernement, car ton mental aura tendance à te faire croire que tu ne connais pas assez de choses, que tu n'as pas assez d'expériences, de diplômes, etc., et à cause de cela tu peux avoir tendance à effectuer des quantités de formations, de stages, qui ne te permettront pas de passer à l'acte. Plusieurs fois, dans mes groupes, j'ai connu des personnes qui avaient participé à de nombreuses formations depuis, quelquefois, plus de dix ans, et qui n'avaient rien concrétisé. Ce sont de l'énergie et de l'argent perdus, créant, peut-être même, le désordre.

OUI, TON MENTAL PEUT TE CONDUIRE DANS DES IMPASSES.

TON ÂME TE CONDUIRA TOUJOURS VERS CE QUI EST JUSTE ET BON POUR TOI.

ÉCOUTE TON ÂME, TON CŒUR, ET TU RÉUSSIRAS TA VIE. TU VIVRAS TOTALEMENT TA LÉGENDE PERSONNELLE.

COMMENT UTILISER

TES ATOUTS,

TES TRÉSORS

ET VIVRE

TA LÉGENDE PERSONNELLE

COMMENT UTILISER TES ATOUTS, TES TRÉSORS ET VIVRE TA LÉGENDE PERSONNELLE

→ **En t'acceptant comme tu es** et tel que tu es aujourd'hui avec tes limites et tes possibilités.

→ **En t'aimant physiquement** et en reconnaissant avec amour tes possibilités et tes valeurs, sans te comparer aux autres, car tu es UNIQUE.

→ **En ayant confiance en toi** et dans tes CAPACITÉS A RÉALISER TES PROJETS concernant tous les domaines de ta vie.

→ **En étant dans la CONSCIENCE** que tu es un ÊTRE DIVIN et que tu es GUIDÉ PAR LA VIE. Et, qu'accompagné par le

TOUT, tout est possible, même ce qui te semble impossible rationnellement.

→ **En étant dans la CERTITUDE** que tout peut se RÉALISER FACILEMENT et dans la DOUCEUR, et que tu seras toujours AIDÉ et ACCOMPAGNÉ par le DIVIN, la VIE.

→ **EN AGISSANT DÈS MAINTENANT DANS L'AMOUR.** Prends l'habitude, dès maintenant, d'agir dans les choses simples de ta vie avec la conscience et dans l'Amour. Que ta vie quotidienne devienne une méditation permanente, et toutes les « portes » s'ouvriront pour toi.

Voici le témoignage d'un homme qui m'a beaucoup ému ainsi que toutes les personnes qui participaient au groupe :

Au début de la démarche, cet homme me paraissait (je dis bien paraissait), un peu « fermé ». Il était très à l'écoute de ce qui se disait, ne retenant que ce qui lui semblait bon pour lui. Très tôt, il a expérimenté les conseils proposés puis, quelques mois après, il a témoigné de ce qu'il vivait.

Il nous a raconté qu'il achète, chaque semaine, des fleurs coupées pour mettre de la lumière dans sa maison. A ce jour, je n'ai pas connu un homme qui ose faire cela. Au fur et à mesure que les fleurs se fanent, il les prend une par une en les remerciant de lui avoir apporté du bonheur, et les dépose dans la corbeille de propreté. Comme il exprime de plus en plus d'amour vis-à-vis des fleurs, elles se conservent de plus en plus longtemps si bien qu'il se retrouve souvent avec deux bouquets en même temps ou un bouquet plus important.

Il exerce le métier de plombier et, quand il intervient sur un chantier pour modifier une installation existante, il commence par remercier la personne qui l'a réalisée. S'il doit enlever des éléments de l'ancienne installation, il les « dépose » sans les jeter, en les remerciant pour le service rendu. Il remercie ses outils de lui permettre de travailler dans de bonnes conditions.

Il a pris l'habitude de se dire souvent qu'il s'aime et qu'il est un ÊTRE MERVEILLEUX. Considérant qu'il apporte de l'amour dans son travail professionnel, il a augmenté ses tarifs de 20% et il est très demandé au point qu'il envisage l'embauche d'un compagnon.

Oui, je t'invite à être le plus possible dans la conscience de tout ce que tu fais en y mettant beaucoup d'AMOUR.

L'AMOUR ouvre les portes de la CONNAISSANCE, de tes TRÉSORS et permet de te RÉALISER.

→ **EN POSANT DES ACTES CONCRETS.**

Je rappelle ce que j'ai écrit dans mes autres livres : *Pour te réaliser, cela nécessite de poser des actes concrets, de passer à l'ACTION.*

A la base, la vie est très simple, ce sont les êtres humains qui la compliquent et qui se compliquent l'existence.

Au niveau professionnel, par exemple, il nous est tout simplement demandé de transmettre ce que nous avons découvert à travers les différentes expériences de notre vie, ce que nous avons compris et ce qui nous passionne. Si nous avons des diplômes qui correspondent, c'est bien ; mais si nous n'en avons pas, ce n'est pas gênant. Ce n'est pas cela qui donne la valeur d'une personne, ni sa véritable compétence.

Moi-même, je ne possède que des diplômes agricoles obtenus grâce à des cours par correspondance. Je n'ai pas effectué de formation en psychologie, ni en théologie, ni de formation de formateur ou d'animateur. J'ai appris uniquement en pratiquant et en osant vivre ce que j'ai envie de vivre et de faire partager mes expériences et mes observations. Aujourd'hui, plus de sept mille personnes ont participé aux différents séminaires et formations que j'ai animés.

OUI, OSE, OSE, OSE POSER DES ACTES. ENGAGE-TOI VRAIMENT A VIVRE TA VIE EN TOTALITÉ.

→ EN DÉPASSANT LE JUGEMENT ET LE REGARD DES AUTRES.

J'ai remarqué qu'un très grand nombre de personnes attendent l'approbation des autres (conjoint, amis, parents, banquier, etc.) pour poser des actes. En général, cette approbation, au niveau où elles l'attendent, n'arrive pas et, de ce fait, elles ne passent pas à l'action.

Il est essentiel, en effet, de définir tes projets en écoutant ton cœur et de t'assurer que c'est bien le moment pour passer à l'action. Puis, sans tenir compte du jugement et des critiques des autres, je t'invite à passer à l'action avec détermination.

Personnellement, depuis, 1986, j'ai rencontré des personnes qui m'ont encouragé et fait confiance, j'en ai rencontré d'autres qui me démontraient que j'étais dans l'illusion, et d'autres encore qui m'ont critiqué de façon agressive en inventant de multiples choses concernant tous les domaines de ma vie, allant même jusqu'à mener des actions contre moi.

J'ai toujours répondu par l'AMOUR et je les ai même remerciées car elles m'ont permis plusieurs choses :

→ d'exprimer l'AMOUR au plus haut niveau,
→ de développer la tolérance et le respect,
→ de m'affirmer dans mes convictions,

→ d'être plus déterminé dans mes choix,
→ d'être plus clair dans mes expressions,
→ de voir le DIVIN en CHACUN, etc.

OUI AUJOURD'HUI, je vis de plus en plus suivant la VOIX DU CŒUR, je vis ce qui me semble juste pour moi dans tous les domaines, car personne d'autre que moi ne sait ce qui est bon pour moi et ce que j'ai à vivre.

Il en est de même pour toi, toi seul sait ce qui est bon et juste pour toi. Ne te laisse jamais définir par une autre personne. Tu peux écouter les conseils des autres, mais c'est toi qui, dans le discernement, doit prendre les bonnes décisions pour toi. Toi seul en assume les résultats. **Tu es RESPONSABLE DE TA VIE A 100 %.**

Je rappelle qu'il n'y a pas de notion de « bien » ou de « mal », « d'autorisé » ou « d'interdit », de notion de « morale ». Tout cela est le fruit du mental et de la

Société. Quand tu écoutes ton ÂME et ton CŒUR, pense qu'il y a autant de CHEMINS DIFFÉRENTS qu'il y a d'ÊTRES HUMAINS. C'est pour cela qu'il est essentiel de ne pas juger une personne ou une situation car tu ne sais pas ce que l'autre a à vivre.

Paulo COELO dit : « Quand on s'immisce dans la légende personnelle d'une autre personne, on prend le risque de passer à côté de sa propre légende personnelle, et cela je le confirme. A ce sujet, je te propose un texte de Sathya Saï BABA que je trouve très beau :

Tout est bon dans la création de DIEU.

Les voies de Dieu sont mystérieuses. Les gens développent des doutes parce qu'ils sont incapables de comprendre Ses actions. Vous considérez qu'une chose est bonne et qu'une autre est mauvaise, mais tout arrive selon la Volonté de Dieu. Vous dites oui pour le bien et non pour le mauvais, mais les deux sont les manifestations de Dieu. L'homme essaie de juger certaines choses comme bonnes pour lui et certaines autres comme mauvaises. Il est impossible pour l'homme de faire un jugement correct. Comment peut-il savoir ce qui est bon pour lui ? Le bon et le mauvais arrivent selon la Volonté Divine. Certaines formes peuvent ne pas être plaisantes pour les yeux, mais pour Dieu tout est « Sathyam, Sivam Sundaram » *(Vérité, Bonté et Beauté). Comment pouvez-vous décrire un tel principe ? Il y a beauté dans tout ce que Dieu fait. Mais personne ne peut sonder Ses voies. D'un point de vue mondain, certaines choses peuvent apparaître mauvaises pour les yeux, mais lorsque vous recherchez profondément, vous comprenez que tout est bon. Puisque vous avez seulement une vision extérieure, vous considérez certaines choses comme belles et certaines autres comme laides. Tout ce que Dieu crée est merveilleux. Mais les gens ne sont pas capables d'apprécier la beauté réelle à cause de leur vision extérieure. Si vous recherchez la Vérité, vous vous apercevrez que tout est merveilleux dans la création de Dieu. Pour chaque mère, son enfant lui apparaît le plus beau. Personne ne peut nier ce fait. Un enfant peut vous paraître laid, mais sa mère ne voit que beauté en lui. Vous n'avez pas le droit de discuter le jugement de la mère à cet égard. Le cas est analogue avec la création de Dieu. Alors comment pouvez-vous prétendre que certaines choses sont bonnes et que certaines autres sont mauvaises ? Le monde entier est plein de beauté et de charme. Du microcosme au macrocosme, pouvez-vous me présenter quelque chose qui soit mauvais dans ce vaste univers ? C'est impossible ! Vous devriez tout accepter avec un esprit ouvert comme étant la Volonté de Dieu. Considérez que tout est bon. Vous n'avez aucun droit de porter un jugement sur la création de Dieu ou sur ce qu'il fait. Les voies de Dieu sont très mystérieuses et prodigieuses.*

Oui, FAIS CONFIANCE A TON CŒUR, SUIS LA VOIE DU CŒUR.

Je te rappelle comment tu peux savoir ce qui est bon pour toi : c'est, quand tu poses des actes et que cela se passe bien, que c'est facile et qu'arrivent des résultats concrets et positifs.

Quand les actes sont posés, ou les décisions prises, et que cela crée le désordre ou des tensions, c'est que ce n'est pas juste. Auquel cas, rectifie la trajectoire sans te culpabiliser ni te critiquer.

CE QUI TE PERMETTRA DE BIEN VIVRE TA LÉGENDE PERSONNELLE, *C'EST L'ENTHOUSIASME.*

L'enthousiasme c'est le carburant, l'Énergie qui permet de RÉALISER DE GRANDS PROJETS.

L'enthousiasme arrive lorsque tu t'engages à vivre et à réaliser tes projets.

Tout projet est normalement porteur de joie, de bonheur, et c'est un des signes qui vient du cœur, et que tu es relié au DIVIN qui est en TOI.

Des projets où tu n'as pas cet enthousiasme viennent peut-être du mental ; tu les réalises alors parce qu'il le faut, mais pas par conviction. On le remarque dans des entreprises où la direction fixe des objectifs souvent en lien avec la productivité et la rentabilité au détriment des personnes. Cela n'apporte pas d'enthousiasme, donc les résultats ne sont pas au rendez-vous. A l'inverse, dans une équipe où les personnes sont reconnues, respectées, valorisées, il se crée une dynamique qui suscite l'enthousiasme et les résultats s'obtiennent plus facilement. Là, tout le monde joue la carte du gagnant-gagnant, pour le bien de tous.

Prends l'habitude d'agir dans ta vie avec enthousiasme, avec joie, et laisse de côté ce qui ne te procure pas de la joie.

Plus tu vivras dans la joie et l'enthousiasme, plus tu seras créateur, plus tu auras des idées géniales et plus tu seras EN VIE...

CONCLUSION

CONCLUSION

Je t'invite à voir ta vie depuis ta naissance comme une succession d'étapes, comme les marches d'un escalier, cet escalier ayant peut-être sa base dans des vies antérieures.

Vois uniquement le meilleur de chaque étape, la châtaigne et le marron plutôt que l'enveloppe piquante.

Sois dans la certitude que tout a été juste et nécessaire à ton évolution et que c'est ce qui t'a permis d'être ce que tu es aujourd'hui.

Remercie, remercie, remercie la VIE pour ce chemin parcouru, ce chemin à parcourir qui sera de plus en plus beau pour toi.

Je souhaite de tout mon cœur que tu connaisses la JOIE, le BONHEUR, la RÉUSSITE dans tous les domaines de ta vie.

Que tu connaisses la PLÉNITUDE, la PAIX INTÉRIEURE.

Tu es la FILLE, le FILS DE LA VIE et, à ce titre, TOUT, absolument TOUT T'APPARTIENT. C'est-à-dire que tu as droit à TOUT ce qu'il y a de PLUS BEAU, de MEILLEUR. Accueille cela les mains ouvertes, c'est notre HÉRITAGE à TOUS.

Donne toujours et encore le meilleur de toi-même avec AMOUR et CONSCIENCE pour le bien de tous. Que ta vie soit une ŒUVRE D'ART, une MUSIQUE...

Sois TOUJOURS le témoin de la beauté de la VIE.

Transforme le négatif apparent en positif, comme la fleur du nénuphar qui a ses racines dans la vase.

VOIS toujours le MEILLEUR en toutes circonstances.

Que tes paroles EXPRIMENT toujours le MEILLEUR.

Alexandre LUCAS

SÉMINAIRES

ET FORMATIONS

POUR VOUS

ACCOMPAGNER

DANS VOS PROJETS

ET RÉUSSIR

PLEINEMENT

VOTRE VIE

IMPORTANT

Pour réussir dans tous les domaines de ta vie, il est important de bien connaître les LOIS DE LA VIE et leurs fonctionnements. Je constate qu'il y a peu de formations où ce sujet est abordé.

Il est essentiel de bien connaître également le fonctionnement du cerveau, ses capacités à créer, et l'importance des pensées et des paroles prononcées.

Réussir sa vie n'est pas une question de chance que certains auraient ou d'autres n'auraient pas. C'est le résultat d'un ensemble de démarches, d'une certaine discipline (surtout au départ), d'un désir de connaître le BONHEUR, la JOIE, l'HARMONIE, etc.

Il est vrai aussi que cela est exigeant au début et demande du courage, mais le résultat obtenu va bien au-delà de ce que tu peux imaginer aujourd'hui.

Le résultat est toujours proportionnel à l'investissement de chacun et à son réel engagement.

POUR T'AIDER A Y PARVENIR

Nous te proposons plus particulièrement une FORMATION de 20 JOURS (10 modules de 2 jours) espacés d'environ un mois entre chaque module.

Thème :

ÊTRE ACTEUR DANS SA VIE PERSONNELLE et PROFESSIONNELLE

OBJECTIFS DE CETTE FORMATION :

Te permettre :

- *de VIVRE ta « LÉGENDE PERSONNELLE » ou « MISSION » sur cette terre.*
- *de T'AIDER A RÉUSSIR.*
- *de T'AIDER à t'ÉPANOUIR au NIVEAU PERSONNEL et PROFESSIONNEL.*
- *d'être un CRÉATEUR EN PUISSANCE.*
- *de BIEN CONNAÎTRE TON PASSÉ, afin de te libérer de ce qui est défavorable à ton évolution et retenir ce qui la favorise.*
- *de CONNAÎTRE ton « CHEMIN DE VIE », ajuster tes projets en fonction de ton « année personnelle » pour augmenter les chances de réussite.*
- *de prendre conscience de la PUISSANCE CRÉATRICE de la PENSÉE et de la PAROLE.*
- *de DÉFINIR avec PRÉCISION tes OBJECTIFS à courts termes et moyens termes et les RÉALISER.*

VIVRE « L'EXCELLENCE DE TA VIE »
en EXPRIMANT
tes « TRÉSORS CACHÉS »

PROGRAMME DE CETTE FORMATION

PRÉSENTATION DE LA DÉMARCHE

- Dès le départ de la formation, il te sera proposé des moyens concrets et simples te permettant de mieux réaliser tes objectifs (ces moyens sont accessibles à tous).
- Tu prendras conscience de l'importance de tes actes, de tes pensées, de tes paroles.
- Il te sera proposé de vivre totalement en harmonie avec ce que tu ressens au plus profond de toi-même, ce qui te conduira vers la PAIX, la SÉRÉNITÉ. Tu t'apprécieras ainsi davantage.
- Les personnes qui ont déjà mis en pratique cette démarche ont vu très nettement diminuer leur stress.

DÉCOUVERTE DE TON ARBRE GÉNÉALOGIQUE

Il te permettra d'explorer l'histoire de tes aïeux et de reconquérir ta liberté en sortant des schémas répétitifs de ton histoire familiale. Tu conserveras les points positifs que tu as « hérités » et tu couperas les liens qui te menaient à l'échec.

UTILISATION DE LA NUMÉROLOGIE CRÉATIVE

- Ta date de naissance peut se regarder comme une carte routière de ta VIE.
- Par l'approche des NOMBRES, tu découvriras comment poser les actes aux bons moments et fixer des objectifs en fonction de ton « ANNÉE PERSONNELLE » et de ton « CHEMIN DE VIE », tout cela pour obtenir des résultats justes et harmonieux.

DÉFINITION DE TES OBJECTIFS

- Il sera demandé à chaque participant de définir, dès le début de la formation, des objectifs précis et importants dans le domaine de ses choix : santé, relations humaines, affectif, professionnel, financier.
- Nous souhaitons que chaque personne s'engage réellement et qu'elle souhaite sincèrement évoluer.

LES PRINCIPES DE LA PENSÉE POSITIVE

- Tu découvriras la puissance créatrice de ton cerveau. Ce que tu vis actuellement est le résultat de ce que tu « as programmé » consciemment ou inconsciemment ; le hasard n'existe pas !
- Il te sera proposé d'avoir des pensées et des paroles justes et positives.

- Tu apprendras à poser des actes justes, harmonieux, qui te permettront de réussir dans tous les domaines.
- Tu découvriras des méthodes pour visualiser, programmer et contrôler si tes actes sont justes (options mentales et confirmations).

L'INTUITION

- Tu as en toi la possibilité d'avoir accès à toutes les informations dont tu peux avoir besoin pour prendre de bonnes décisions.
- En utilisant ta partie droite du cerveau, siège du subconscient, tu multiplieras ta capacité à créer.
- Tu développeras ton attention aux coïncidences (véritables guides de la vie).
- Tu prendras conscience que la VIE te donne beaucoup de messages justes.

RELATIONS AVEC LES AUTRES ET AVEC TOI-MÊME

- Les relations que tu as avec les autres sont le reflet de toi-même.
- Notions de tolérance, de respect, de maîtrise de soi et du langage.
- Apprendre à t'AIMER ; tu as un corps divin.
- Tu apprendras à modifier ton comportement pour obtenir des relations plus harmonieuses, plus heureuses.

- Prise de conscience de l'influence positive lorsque tu as de bonnes relations avec tous les ÊTRES, sur ta santé, ta profession, tes finances.
- Tu apprendras à te libérer du passé négatif par une démarche de pardon et d'amour, et tout ceci avec sérénité.

ACTIVITÉ PROFESSIONNELLE

- En suivant l'ÉNERGIE CRÉATRICE, ton travail devient gratifiant.
- Tu peux choisir le métier qui te plaît.
- Travailler devient un JEU car tu tes passionné.
- Tu deviens un créateur en puissance.
- Tu seras reconnu, apprécié et rémunéré correctement.
- Chaque personne a un rôle précis sur terre et tu apprendras à le découvrir et à être à ta juste place.
- Approfondissement des Lois de la Réussite et du Succès.
-

L'ARGENT

- Ta RELATION avec l'ARGENT.
- L'ARGENT est le symbole de l'ÉNERGIE qui circule dans ta VIE.
- L'ARGENT utilisé positivement et justement est un moyen d'échanges merveilleux.
- Tu peux disposer de tout l'argent dont tu as besoin.

- Approfondissement des Lois de la Prospérité.
- Développer ta Richesse Intérieure pour développer ta richesse extérieure.
- OBJECTIF COMMUN proposé aux personnes du groupe, c'est d'avoir une somme d'argent inattendue qui arrive de façon exceptionnelle.

LA SANTÉ, SENS DE LA MALADIE ET BLESSURES

- La maladie est le signe, l'alarme, pour nous obliger à écouter notre corps, prendre du repos.
- Pour nous permettre de découvrir autre chose, dont peut-être une chance... Le début d'une vie nouvelle...
- On peut s'auto guérir.
- Apprendre à vivre sans souffrir.
- On peut aider les autres à guérir de plusieurs manières.
- Liens entre la maladie, les accidents, avec ton fonctionnement, au niveau affectif, relationnel, professionnel, financier, spirituel.

ÊTRE ACTEUR DANS SA VIE... *Signifie quoi ?*

➔ **C'EST DÉCIDER**
de tout mettre en œuvre pour réussir sa vie et poser des actes concrets qui permettent une réalisation tangible des projets et une réelle transformation « intérieure ».

➔ **AVOIR DES PROJETS QUI TE GRANDISSENT,**
qui tendent la VIE VERS LE HAUT. Des projets généreux qui font la vie généreuse, qui te permettent de te « DÉPLOYER » et de « t'ÉLEVER ».

➔ **DEVENIR Auto référant,**
c'est-à-dire : agir, décider, parler en fonction de ce que tu ressens comme étant juste pour toi. Cela suppose d'être à l'écoute de ton « ressenti » qui émane du plus profond de toi-même.

➔ **ÊTRE EN HARMONIE AVEC LES LOIS UNIVERSELLES,**
Seule source du vrai bonheur, de l'AMOUR et de la réussite.

A QUI S'ADRESSE CETTE FORMATION ?
A toute personne Qui désire réussir sa vie

<u>CES SÉMINAIRES</u>

<u>SONT ANIMÉS PAR :</u>

Alexandre LUCAS,
formateur en relations humaines
et développement personnel.

Alexandre LUCAS anime l'ensemble de la formation.

En plus du programme présenté, il propose aux stagiaires un ensemble de moyens concrets et très efficaces pour poser des actes justes et prendre de bonnes décisions au bon moment.

Il partage ses expériences et les « techniques » qu'il a mis au point depuis 1987, début de ses activités, et expérimentées par plus de sept mille personnes qui ont effectué des démarches avec lui.

IMPORTANCE DU GROUPE :

Cette démarche qui s'effectue sur presque une année s'efforce de créer une ÉNERGIE DE GROUPE qui est très PUISSANTE, permettant à chaque personne de se sentir « portée » et aidant à poser des actes concrets.

Les personnes sont invitées à définir des objectifs concrets concernant les différents domaines de leur vie et elles sont suivies et accompagnées dans les réalisations. Des « outils » permettent de les atteindre et ainsi chaque personne a la possibilité d'observer comment fonctionnent les LOIS DE LA VIE, les LOIS DE « CAUSES A EFFETS ».

Le groupe permet de prendre des décisions que la personne, étant seule, n'aurait pas osé effectuer à cause de la peur d'échouer.

Nous sommes toujours émerveillés de voir le chemin parcouru par les stagiaires pendant la formation mais aussi après, car les personnes ont acquis de nouveaux fonctionnements et les ont intégrés en profondeur.

On peut parler d'une nouvelle naissance, une autre manière de vivre et de voir la VIE et tout en étant dans le même environnement, il y a un changement radical. C'est l'histoire de la bouteille d'eau :

- Il y a ceux qui se plaignent et qui ont peur de manquer car la bouteille est à moitié vide et, effectivement ils auront soif et manqueront d'eau ;

- Il y a ceux qui sont heureux et sereins car ils voient la bouteille à moitié pleine et ils n'ont pas soif et ils ne manquent pas d'eau.

LA MANIÈRE DONT TU VOIS LES CHOSES ET LES ÉVÉNEMENTS FERA QUE TU VIVRAS DES ÉVÉNEMENTS DÉSAGRÉABLES OU AGRÉABLES.

AUTRES SÉMINAIRES A L'ÉTRANGER

Alexandre LUCAS anime des séminaires à l'ÉTRANGER : INDE, ÉGYPTE, ISRAËL, ITALIE, MAURITANIE, MAROC, CANADA, LIBYE, etc., sur des thèmes différents avec une approche plus spirituelle mais aussi concrète.

Si tu es intéressé(e) par l'un de ces séminaires, contacte **Alexandre LUCAS.**

AUTRES SÉMINAIRES ET JOURNÉES - PARTAGE EN FRANCE

➔ **Alexandre LUCAS** anime également des séminaires dans le silence (durée trois jours) qui sont une occasion de faire le point sur notre vie et de poursuivre notre chemin dans l'action juste et l'attitude juste.

➔ Il anime des journées-partage permettant aux personnes de se retrouver régulièrement toutes les cinq à six semaines pour échanger les expériences vécues, utiliser les « Outils », pour avancer dans les projets, mais aussi et surtout, pour approfondir la DIRECTION SPIRITUELLE.

Dans ces groupes, il est proposé d'expérimenter, de vivre concrètement la « PRÉSENCE » dans les détails de la VIE HUMAINE. Pour cela, il est essentiel d'avoir effectué la formation « ÊTRE ACTEUR DANS SA VIE » ou l'équivalent.

Pour recevoir la documentation gratuitement ou avoir plus d'informations, voir à la fin du livret.

******

2 *jeux de cartes personnalisés*

Jeune
et Dynamique !
110 cartes

pour les JEUNES

utilisable aussi par les parents pour mieux comprendre et aider leurs enfants

LES CARTES DU BONHEUR

220 cartes

pour les ADULTES

Elles t'aideront à :

- **AGIR AVEC PRÉCISION** (grâce aux cartes vierges qui te permettront d'avoir des réponses précises).
- **TRANSFORMER TA VIE.**
- **ÊTRE PLUS POSITIF(VE).**
- **ÊTRE PLEINEMENT CRÉATEUR, CRÉATRICE.**

****

Ces Jeux sont créés
par Alexandre LUCAS
et EN VENTE dans les LIBRAIRIES
ÉSOTÉRIQUES DE TA RÉGION

ou à **Alexandre LUCAS**
B.P. 152
44144 CHATEAUBRIANT CEDEX

Tél. 02.40.07.24.25
Fax : 02.40.07.24.34

****

Un « OUTIL » pour t'aider :

un jeu de cartes créé
par **Alexandre LUCAS** :

« LES CARTES DU BONHEUR »

LE HASARD N'EXISTE PAS !

UN « OUTIL » TRÈS IMPORTANT

L'utilisation des 220 cartes du jeu, **testées** par des **milliers de personnes,** a démontré une efficacité étonnante dans tous les domaines de la vie : affectif, personnel, relationnel, santé, professionnel, financier, etc.

Tire une carte chaque jour et elle **t'aidera à prendre tes décisions,** même les plus importantes, **à être positif(ve), à découvrir les points** sur lesquels tu dois modifier ton comportement. Tout ceci, dans une démarche d'**ÉVOLUTION** – de **MIEUX-ÊTRE.**

TU CONSTATERAS que tu es merveilleusement guidé(e) par ta « DIMENSION INTÉRIEURE » et que **le hasard n'existe pas.**

PRÉCISIONS DANS LES RÉPONSES

Tu observeras avec **quelle précision** tu obtiendras des réponses à tes questions.

Tu seras conduit(e) pas à pas vers ce qu'il y a de meilleur pour toi.

Exemple :

Tu t'apprécies et tu tires la carte « J'aime mon corps ». C'est alors un encouragement à l'aimer davantage, à prendre encore plus de temps pour toi, à te faire plaisir, tu es sur la bonne voie.

Ou, au contraire, tu ne t'aimes pas et tu tires la carte « J'aime mon corps ». Elle te propose alors de tout mettre en œuvre pour accepter ton corps tel qu'il est – de répéter avec ton cœur que tu l'aimes et que tu prends soin de lui.

Autre exemple :

Tu as des difficultés financières et tu tires la carte « Ma situation financière s'améliore de jour en jour ». Cela signifie que si tu fais TOTALEMENT CONFIANCE en toi et dans l'abondance de la VIE – que tu imprègnes ton subconscient de cette phrase - progressivement ta situation va s'améliorer.

TU PERSONNALISES LE JEU

Il existe dans le jeu environ 50 cartes vierges qui vont te permettre de personnaliser le jeu et d'obtenir ainsi des réponses précises à des questions personnelles (voir l'exemple cité pour les jeunes).

Nota. – Dans le jeu de cartes, tu as la notice qui te donnera les conseils pour une bonne utilisation.

****

JEU DE CARTES :

« *JEUNE ET DYNAMIQUE* »

UTILISABLE

PAR LES JEUNES ENTRE 5 ET 17 ANS

MAIS AUSSI PAR LES PARENTS

Ce jeu a pour but d'aider le Jeune à être plus positif dans sa vie. En s'imprégnant des textes suggérés sur les cartes, il développera son attention, son intelligence, sa mémoire, son travail scolaire et tout deviendra plus facile (démarche de la programmation mentale).

Sa confiance augmentera et le succès se manifestera de plus en plus dans les divers domaines de sa vie de Jeune.

Ses relations avec ses parents, ses frères et sœurs, enseignants... s'amélioreront : il sera de plus en plus POSITIF dans la vie et il découvrira à quel point il est guidé.

Il se libérera progressivement du manque de confiance en lui et de la peur.

JEU UNIQUE et POUVANT ÊTRE PERSONNALISÉ

C'est le seul jeu existant pour les Jeunes, qui peut être personnalisé. En effet, les cartes blanches permettent au Jeune d'obtenir des réponses précises.

Exemple : Le Jeune doit faire un choix entre plusieurs propositions et ne sait pas laquelle choisir :

- Il peut écrire sur une carte « Je choisis la proposition X » - sur une autre carte « Je choisis la proposition Y » et sur une autre « Il m'est proposé une solution plus intéressante ».
- Il place les 3 cartes dans le jeu et s'il fait totalement confiance, un jour, il sortira une des trois cartes qui lui donnera la réponse. (Nous avons observé que cette réponse était toujours juste).

UTILISATION PAR LES PARENTS

En utilisant le jeu de cartes « Jeune et dynamique », les parents peuvent mieux discerner et comprendre le comportement de leur enfant.

Exemple : L'enfant est en dysharmonie avec toi et tu as l'impression qu'il te rejette : tu tires une carte du jeu « Oui, j'aime ma mère ou mon père », cela veut dire qu'en réalité il t'aime.

Nota : Dans le jeu de cartes vous avez les conseils d'utilisation.

LIVRE

« ÊTRE ACTEUR DANS SA VIE »

écrit par Alexandre LUCAS

Ce livre complémentaire de « S'AIMER POUR MIEUX AIMER » propose des conseils simples, précis et essentiels pour poser des actes justes et avoir un maximum de chances de les réussir.

Il a été conçu pour que les personnes trouvent facilement le thème qui les concerne afin d'avoir des conseils appropriés. Il présente une partie de la formation « ÊTRE ACTEUR DANS SA VIE » (1/20e) qui permet d'expérimenter et d'avoir des résultats concrets.

Il est accessible à tous quelle que soit la démarche effectuée par chacun.

Tu y trouveras comment CRÉER ta RÉALITÉ. En effet, ce que tu vis est le résultat de tes pensées, paroles et actes d'hier.

Il te propose de décider, aujourd'hui, de connaître la JOIE et le BONHEUR, de te RÉALISER PLEINEMENT et de Réussir TA VIE dans tous les domaines.

CELA EST POSSIBLE POUR TOUS.

En vente dans toutes les FNAC, librairies et grandes surfaces de France, Belgique, Luxembourg, etc.

AUTRE LIVRE d'Alexandre LUCAS

« S'AIMER POUR MIEUX AIMER »

L'auteur nous propose de prendre conscience de l'importance de s'aimer vraiment pour mieux aimer son conjoint, ses enfants, ses parents, ses amis, etc. On donne et on reçoit des autres ce que l'on se donne à soi. Tu es pour toi-même la personne la plus importante, alors aime-toi, respecte-toi et prends soin de toi.

Table des matières :

Accepter son corps comme il est aujourd'hui - Aimer son corps qui est divin - Aimer les fonctions de son corps - Notre corps connaît notre passé et notre futur - Ecouter les messages de son âme - Choisir de vivre - Recueillir les dons de la vie - Se donner de la tendresse et de la douceur - Vivre le plaisir en conscience - Se respecter - Donner un sens et un idéal à sa vie - Vivre sa légende personnelle.

Ce livre propose des conseils simples, précis, accessibles à tous et essentiels pour être bien avec soi-même. Il est le résultat d'expériences, d'observations et de « vécus » concrets.

En vente dans toutes les FNAC, librairies et Grandes Surfaces de France, Belgique, Luxembourg, etc.

Ces livres sont diffusés par :
D.G. Diffusion
Z.I. de Bogues – 31750 ESCALQUENS
Tél. 05.61.00.09.99 – Fax : 05.61.00.23.12

*****

LIVRE d'ALEXANDRE LUCAS :

LE BONHEUR D'AIMER L'AUTRE

Ce livre te propose :

D'avoir un autre regard sur tes enfants qui sont tes « guides » et tes « maîtres », car ils connaissent ta vie et, en les observant, tu te découvres.

D'avoir de bonnes relations avec ton conjoint et de comprendre les messages qu'il te donne, ce qui évite des conflits ou malentendus et permet le plein épanouissement.

De prendre conscience de la beauté de tes parents qui sont tes « deux racines » essentielles, et la place de tous les membres de ta famille, belle-famille, et le rôle qu'ils jouent dans ton histoire.

L'importance des relations professionnelles qui sont en résonance avec ta vie, car le hasard n'existe pas.

Il en est de même dans tes relations amicales, de voisinage, etc.

TOUT A UN SENS ET TOUTES LES RELATIONS TE PROPOSENT DES MESSAGES PARTICULIERS.

CE QUI PERMET D'ÊTRE BIEN AVEC TOUS LES ÊTRES : C'EST L'AMOUR.

LE VÉRITABLE AMOUR permet de trouver une solution dans toutes les situations.

Ce livre t'aide simplement et efficacement pour trouver LA PAIX, L'AMOUR, L'HARMONIE.

******

Prochain Livre d'ALEXANDRE LUCAS

(sortie prévue en septembre 2006)

ACCUEILLIR LA PROSPÉRITÉ DANS TA VIE

L'ARGENT est une merveilleuse ÉNERGIE UNIVERSELLE, une ÉNERGIE D'ÉCHANGES entre les humains, où **chacun** peut disposer très largement de ce dont il a besoin pour son ÉVOLUTION et pour RÉALISER SA MISSION sur cette terre.

L'auteur témoignera et expliquera comment accueillir la prospérité dans ta vie et comment accueillir l'ABONDANCE au niveau financier.

L'ÉNERGIE ARGENT répond à des LOIS UNIVERSELLES très précises mais qui sont peu connues et peu enseignées.

Pour qu'il y ait une bonne circulation de l'ÉNERGIE ARGENT dans ta vie, cela suppose que tu sois globalement en harmonie dans tous les domaines de ta vie.

L'auteur est, parmi les animateurs en Développement Personnel, un de ceux qui a le plus expérimenté dans ses groupes la manifestation concrète de la prospérité (plusieurs milliers d'expériences).

CHAQUE PERSONNE A LA POSSIBILITÉ D'ACCUEILLIR PLUS DE PROSPÉRITÉ DANS SA VIE : EN CHANGEANT SA VISION DE L'ARGENT, EN PENSANT ABONDANCE, EN S'AUTORISANT A AVOIR PLUS DE RICHESSES ET EN OUVRANT SON CŒUR A L'ABONDANCE UNIVERSELLE.

****

Pour avoir plus d'informations recevoir la documentation gratuitement, et pour commander les Jeux de Cartes et les Livres et les cassettes audio contacter :

Alexandre LUCAS
B.P. 152
44144 CHATEAUBRIANT CEDEX

Tél. : 02.40.07.24.25
Fax : 02.40.07.24.34
Internet : www.alexandre-lucas.bien-et-bio.com

en précisant clairement votre adresse

TABLE DES MATIÈRES

Pages

CARNET D'ADRESSES :

Astrologue : Jean BILLON,
4, rue des Dalhias, 56520 GUIDEL,
tél. 02.97.65.37.64

Numérologue : Colette LE FLOCH,
36, rue des Ponts, 44470 THOUARÉ
tél. 02.51.85.90.80

BIBLIOGRAPHIE

(livres conseillés)

- **La Numérologie Créative,** de Colette LE FLOCH, Editions Dangles
- **Votre Chemin de Vie,** de Dan MILLMAN, Editions du Roseau
- **de Joseph MURPHY,** aux Editions Dangles, plusieurs livres :
  - Exploitez la puissance de votre subconscient
  - Le Miracle de votre Esprit
  - L'énergie cosmique
  - La dynamique du bonheur

- L'impossible est possible
- La Paix est en vous
- La Magie de la Foi
- La Prière guérit
- Guérir
- Comment attirer l'argent
- Puissance de la méditation
- Renaître

- **Ce qu'il m'a dit,** par Elleen CADDY, Editions A.L.T.E.S.S.

- **Vivre sa spiritualité au quotidien,** par Pierre PRADERVAND, Editions Jouvence

- **La vie des Maîtres,** par Bairdt SPLADING, Editions Robert Laffont

- **Oui, je peux,** (livre avec CD) par Louise L.HAY, Editions ADA